베르타 베그만(1847-1926), 〈아침 식탁의 젊은 아가씨〉

"나의 사랑하는 자는
수풀 가운데 사과나무 같아
내가 그 그늘에 앉아서
심히 기뻐하였다." (아가 2:3)

믿음의 조상들도 나무 아래서
하나님의 임재를 경험한다.
아브라함과 상수리나무, 모세와 떨기나무,
드보라와 종려나무, 엘리야와 로뎀나무,
나다나엘과 무화과나무, 삭개오와 뽕나무.
그림 속 목동은 나무 아래서 안식을 만난다.

카미유 피사로(1830-1903), 〈소를 지키는 여인〉

따스한 햇살과 시원한 바람이 교차하는 순간
빨래를 넌다.
더러움을 씻어 낸 깨끗한 옷을 개며
마음도 정돈된다.
평범하고 일상적인 순간에 차오르는 기쁨.
하나님의 임재의 시간.

벨라 이바니 그룬왈드(1867-1940), 〈빨래 건조〉

타인을 위한 연주를 준비하는 순간은
가장 깊은 차원의 몰입이 필요하다.
사랑은 누군가에게
아름다운 연주를 들려주고
공유하고 싶은 마음일 것이다.

칼 빌헬름 홀소에(1863-1935), 〈여인이 있는 실내〉

차갑게 얼어붙은 강을 지나야 하는
엄혹한 시절,
나란히 걸을 수 있는 우정과
한 줄기 비춰 주는 햇살이 따스하다.
대지의 제대 위에 켜진
촛불 하나처럼.

'하나님의 임재'를 묘사할 때면
노을과 동산, 우정이 떠오른다.

요한 융블루트(1860~1912), 〈얼어붙은 강을 건너는 시골 친구들〉

미켈란젤로(1475-1564), 〈피에타〉

생명을 낳은 줄 알았던 여인은
실은 죽음을 낳았다는 사실을 발견한다.
자신보다 더 자신 같은 존재의 죽음을 짊어지고
죽음과 함께 살아야 하는 인간의 실존.
죽음의 상실과 슬픔은 하나님의 부재인가 임재인가!

윌리엄 아돌프 부그로(1825-1905), 〈첫 번째 애도〉

"그제서야 그들의 눈이 열려서,
예수를 알아보았다.
그러나 한순간에 예수께서는
그들에게서 사라지셨다." (누가복음 24:31)

부활하신 주님의 부재를 목격한 제자들이
부재의 빈 벽 앞에서 일어나 달려가는 역설.
부재에서 임재를 목격한다.

지거 쾨더(1925~2015), 〈엠마오〉

하나님의 임재 연습

The Practice of the Presence of God

by Brother Lawrence

일러두기

이 책은 다음의 영문 원서를 대본으로 삼아 번역했습니다. *The Practice
of the Presence of God* (London: H. R. Allenson, Ltd., 1906); *The spiritual
maxims of Brother Lawrence* (London: H. R. Allenson, Ltd., 1907).

아울러 다음 번역본들을 참고했습니다. *Practice of the Presence: A
Revolutionary Translation by Carmen Acevedo Butcher* (Broadleaf
Books, 2022), Kindle Edition; *The Practice of the Presence of God In
Modern English*, translated by Marshall Davis (Independently published,
2013), Kindle Edition; 《하느님의 현존 연습》, 최애리 옮김(서울: 가톨릭출판사,
2010).

하나님의 임재 연습

로렌스 형제 지음
홍종락 옮김

사자와 어린양

The Practice of
the Presence of God

차례

대화[*]

첫 번째 대화

[수도원장인 나 보포르는 1666년 8월 3일에 로렌스 형제를 처음 만났다. 그는 열여덟 살에 하나님이 베푸시는 특별한 은혜를 받고 회심했다는 이야기부터 꺼냈다.]

그해 겨울, 저는 잎이 다 떨어진 나무 한 그루를 보았습니다. 그 나무를 보면서, 시간이 조금만 지나면 새잎이 돋고 꽃이 피고 열매가 열릴 것이라는 생각과 함께, 하나

---

* 원래의 대화편은 로렌스 형제의 친구였던 보포르 수도원장이 그와 나눈 네 번의 대화 내용을 간접 인용 형태로 소개하고 있다. 전달력과 생동감을 높이고자 직접 인용 형태로 옮겼다.—옮긴이

님의 섭리와 권능을 깊이 깨닫게 되었습니다. 그 깨달음은 이후 제 영혼에서 결코 지워지지 않았습니다. 이 경험 덕분에 저는 더 이상 세상에 매이지 않게 되었고, 하나님을 향한 크나큰 사랑이 제 안에 불붙었습니다. 그날 이후 40년이 흐르는 동안 그 사랑은 더 커졌다고 할 수 없을 만큼 처음부터 크고 강렬했습니다.

저는 국고출납관 피외베 씨의 하인으로 일했는데, 손대는 일마다 사고 치는 어설프기 짝이 없는 인간이었습니다.

제가 수도원에 들어간 것도 그런 어설픔과 관련이 있습니다. 거기서도 어설프게 처신하고 실수를 저지르면 살가죽을 벗긴다고 할 만큼 혹독한 벌을 받을 테고, 그 결과 온갖 즐거움까지 포함하여 제 삶을 통째로 하나님께 맡기게 되리라고 생각했던 것입니다. 그러나 하나님은 저를 실망시키셨습니다. 수도원 생활은 그저 만족스러울 뿐이었거든요.

우리는 하나님과 끊임없이 대화를 나눔으로써 그분의 임재에 대한 감각을 키워야 합니다. 사소하고 어리석은 일들을 생각하느라 하나님과의 대화를 중단하는 것은 수치스러운 행동입니다.

하나님에 대한 고귀한 생각으로 우리 영혼을 먹이고 살찌워야 합니다. 그러면 하나님께 전념할 때 오는 큰 기쁨을 누리게 될 것입니다.

믿음을 소생시키고 일깨워야 합니다. 안타깝게도, 우리는 믿음이 너무나 작습니다. 믿음을 행동의 지침으로 삼지 않고 매일 오락가락하는 어쭙잖은 신앙생활로 만족합니다. 믿음의 길은 교회의 정신이고, 우리를 높은 수준의 완전함으로 이끌 수 있습니다.

일상적인 일과 영적인 일 모두에서 우리 자신을 전적으로 하나님께 바치고, 하나님이 우리를 고난으로 이끄시든 위로로 이끄시든, 그분의 뜻을 완수하는 데서만 만족을 구해야 합니다. 하나님께 온전히 자신을 맡긴 영혼에게는 고난과 위로가 똑같을 것이기 때문입니다. 기도를 해도 아무 느낌이 없고 기도가 부담스러운 메마른 시기일수록 믿음이 필요합니다. 그럴 때 하나님은 그분을 향한 우리의 사랑을 시험하시니까요. 그런 시기야말로 우리가 하나님께 제대로 자신을 맡겨야 할 때입니다. 한 번의 믿음의 헌신으로 큰 영적 진보가 따라오는 경우가 종종 있습니다.

세상에서 매일 들려오는 참혹한 이야기와 죄악의 소

식에 저는 놀라지 않습니다. 죄인들이 얼마나 큰 악의를 품을 수 있는지 생각하면 세상이 더 비참해지고 죄로 가득해지지 않는 상황이 오히려 놀랍습니다. 물론 저는 죄인들을 위해 기도합니다만, 그들이 저지른 악한 일들을 하나님이 언제라도 바로잡으실 수 있음을 알고 있기에 그런 일로 지나치게 마음 졸이지는 않습니다.

하나님이 요구하시는 분량만큼 그분께 우리를 맡기기 위해서는 영혼의 모든 움직임을 주의 깊게 살펴야 합니다. 우리 영혼은 영적인 문제들뿐 아니라 아주 일상적인 문제들에도 참여하니까요. 하나님은 진정으로 그분을 섬기기 원하는 사람들에게 그런 사안에서도 빛을 주십니다. 하나님을 진실하게 섬기는 것이 신부님의 뜻이라면 원하실 때마다 얼마든지 저를 찾아오셔도 좋습니다. 제가 귀찮아하면 어쩌나 하는 부담은 갖지 않으셔도 됩니다. 하지만 신부님의 의도가 그런 것이 아니라면, 더 이상 찾아오지 마시기 바랍니다.

두 번째 대화

1666년 9월 28일

[로렌스 형제는 이렇게 말했다.]

저는 언제나 이기적인 생각 없이 사랑에 이끌려 행했습니다. 하나님의 사랑을 모든 행동의 목적으로 삼기로 결심하고 나서, 이 방법에 충분히 만족할 만한 타당한 이유를 발견했습니다. 하나님을 사랑하는 마음으로 저는, 바닥에 떨어져 있는 지푸라기 하나를 주울 수 있는 것에 기뻐했고, 오로지 하나님만을 구했습니다. 하나님 외의 다른 것은 그분이 주시는 선물일지라도 구하지 않았습니다.

저는 구원받지 못하리라고 오랫동안 확고히 믿어 왔고, 그래서 마음이 괴로웠습니다. 세상 누구도 제 생각을 바꿔 놓지 못할 것 같았습니다. 그러나 스스로 이렇게 설득했습니다. '내가 신앙생활을 하게 된 것은 오로지 하나님을 사랑하기 때문이었어. 하나님만을 위해서 행하려고 노력해 왔지. 앞으로 내가 어떻게 되건, 버림받건 구원받건, 나는 모든 일을 언제나 오직 하나님을 향한 사랑 때문에 행할 거야. 그러면 죽을 때까지 모든 일을 그 사랑 때문에 했다는 확신만은 내게 남겠지.' 이런 마음의 괴로움은 4년 동안 이어졌고, 많이 힘들었습니다.

하지만 그 이후로 저는 완전히 자유롭고 지속적인 기쁨을 누리며 살아왔습니다. 저의 죄를 하나님 앞에 펼쳐 놓고 하나님의 은혜를 받을 자격이 없다고 말씀드렸지만, 하나님은 계속해서 은혜를 풍성하게 내려 주셨습니다.

하나님과 지속적으로 대화하고 모든 일을 아뢰는 습관을 기르려면, 먼저 그분께 부지런히 여쭈어야 합니다. 그렇게 조금씩 노력하다 보면 하나님의 사랑이 우리 마음을 일깨워 아무런 이려움 없이 그런 습관이 몸에 밸 것입니다.

하나님이 주신 즐거운 나날이 지나면 고통과 괴로움

을 겪을 차례가 오겠지요. 하지만 그 때문에 불안해하지는 않습니다. 저 혼자서는 아무것도 할 수 없지만, 하나님은 고통과 괴로움을 감당할 힘을 어김없이 주실 테니까요.

어떤 미덕을 실천할 기회가 생기면 저는 하나님께 나아가 이렇게 말했습니다.

"주님, 주님이 제게 힘 주시지 않으면 저는 이 일을 할수 없습니다."

그러면 하나님은 그 일을 넉넉히 감당할 힘을 주셨습니다.

제가 맡은 일을 제대로 해내지 못했을 때는 잘못을 고백하고 하나님께 이렇게 아뢰었습니다.

"주께서 저를 혼자 내버려두시면 다음에도 마찬가지일 것입니다. 저의 넘어짐을 막아 주시고 잘못된 것을 고쳐 주소서."

이렇게 기도하고 나서는 지난 문제로 더 이상 고민하지 않았습니다.

우리는 더없이 단순하게 하나님과 관계를 맺어야 합니다. 솔직하고 분명하게 하나님께 말씀드리고, 감당해야 할 일이 생길 때마다 도움을 청하는 것입니다. 제 경험에 따르면, 하나님은 결코 그 요청을 거절하지 않으십니다.

최근에 저는 수도원에 비축할 포도주를 구매하러 부르고뉴 지방으로 출장을 갔습니다. 그것은 제게 전혀 달갑지 않은 임무였습니다. 사업수완이 없기도 하거니와, 다리를 저는 터라 배 위에서 다닐 때면 술통 위를 굴러다녀야 했거든요. 하지만 그런 불편함에도 저는 포도주 구매 문제로 불안해하지 않았습니다. 하나님께 제가 그분의 업무를 하고 있다고 말씀드렸습니다. 나중에 보니 일이 잘 마무리되었습니다. 한 해 전에는 같은 업무로 오르베뉴로 출장을 다녀왔습니다. 무슨 일이 있었는지 다 말씀드릴 수는 없지만 일을 잘 마쳤습니다.

주방에서 일할 때도 마찬가지였습니다(주방 일은 제 천성에 맞지 않았습니다). 하나님을 사랑하는 마음으로 그곳의 모든 일을 해나갔고, 모든 상황에서 일을 잘 해낼 은혜를 구하며 감당하다 보니 15년 동안 그곳에서의 모든 것이 수월했습니다.

저는 지금 맡고 있는 신발 수선 일이 아주 만족스럽습니다. 하지만 주방 일이 그랬듯, 이 일에서도 언제든 물러날 준비가 되어 있습니다. 하나님을 사랑하는 마음으로 작은 일들을 감당하면 모든 상황에서 늘 기쁨을 누리게 되니까요.

제게는 정해진 기도시간과 그 외의 시간이 다르지 않습니다. 저는 원장님의 지시로 따로 물러나 기도합니다만, 그렇게 혼자만의 기도시간을 갖는 것을 원하지 않고 그런 시간을 달라고 요청하지도 않습니다. 아무리 바쁜 일이라도 저에게는 하나님과의 교제에 방해가 되지 않기 때문입니다.

저는 모든 상황에서 하나님을 사랑해야 한다는 것을 알고 그렇게 하고자 노력하는 터라 이 문제로 조언을 구할 '지도자'가 필요하지 않습니다. 그러나 저의 고백을 듣고 사죄를 선언해 줄 '고해 사제'는 필요합니다. 저는 제 잘못들을 잘 압니다만, 그 때문에 낙심하지는 않습니다. 저의 잘못들을 있는 그대로 하나님께 고백할 뿐 변명을 늘어놓지 않습니다. 고백을 하고 난 뒤 평화롭게 평소처럼 하나님을 사랑하고 흠모하는 연습을 재개합니다.

마음이 괴로울 때 사람과 상의하지 않습니다. 하나님이 저와 함께하신다는 것을 믿음의 빛으로 알기에, 무슨 일이든지 하나님을 위해서 하는 데 만족합니다. 하나님께 기쁨을 드리려는 마음으로 모든 일을 하고 결과를 염려하지 않습니다.

쓸데없는 생각이 모든 것을 망쳐 놓습니다. 모든 문제는 거기서 시작됩니다. 당장의 상황과 관계없고, 우리의 구원과도 무관한 생각을 하고 있음을 인지하는 순간, 그 생각을 부지런히 떨쳐 내고 하나님과의 교제로 돌아가야 합니다.

처음에 저의 정해진 기도시간은 자꾸만 밀려드는 쓸데없는 생각을 거듭거듭 떨쳐 내는 일로 채워졌습니다. 그러나 저는 어떤 이들이 하는 특정한 방식으로는 기도 생활을 유지할 수가 없었습니다. 그럼에도 처음에는 한동안 묵상을 시도해 봤습니다. 하지만 나중에는 어떻게 된 일인지 그런 시도조차 허사로 돌아갔습니다.

모든 신체적 고행과 수련의 유일한 쓸모이자 목표는 사랑으로 하나님과의 연합에 이르게 돕는 것입니다. 이 문제를 깊이 숙고한 저는 끊임없이 사랑을 실천하고 모든 일을 하나님을 위하여 하는 것이 이 목표에 이르는 지름길임을 발견했습니다.

이해 차원의 활동과 의지로 하는 활동을 분명히 구분해야 합니다. 이해 차원의 활동은 별 가치가 없습니다. 의지로 하는 활동이 정말 중요하지요. 하나님을 사랑하고 하나님을 기뻐하는 일이 우리의 유일한 임무입니다.

하나님의 사랑이 아니고는 어떤 종류의 고행이든 단 하나의 죄도 없애지 못합니다. 염려하지 말고, 우리 죄는 예수 그리스도의 피로 용서받을 것을 기대하면서 온 마음으로 그분을 사랑하는 일에 힘써야 합니다. 하나님은 가장 심각한 죄인들에게 가장 큰 은혜를 베푸시는 것 같습니다. 그럴 때 그분의 크신 자비가 더 잘 드러나기 때문입니다.

이 세상의 고통이나 즐거움이 아무리 커도 제가 영적인 삶에서 경험한 고통과 즐거움에 비할 수 없습니다. 그래서 저는 아무것도 염려하지 않고 아무것도 두려워하지 않습니다. 제가 하나님께 바라는 것은 단 한 가지, 그분의 마음을 상하게 하지 않는 것뿐입니다.

저에게는 거리낌이 없습니다. 맡은 일을 잘 해내지 못하면 그것을 바로 인정하고 이렇게 말씀드립니다.

"저는 이렇게 행하는 데 익숙한 자입니다. 홀로 남겨진다면 다음에도 마찬가지일 것입니다."

제가 어떤 일을 잘 해낼 때면, 하나님께 감사하고 그분이 주신 은혜 덕분임을 인정합니다.

세 번째 대화

[로렌스 형제는 이렇게 말했다.]

저의 영적 삶의 토대는 믿음으로 하나님을 높이고 공경하는 일입니다. 하나님을 향한 공경심이 마음속에 자리잡고 난 뒤로는 하나님을 향하지 않는 모든 생각을 떨치고 그분에 대한 사랑으로 모든 일을 해야겠다는 생각뿐입니다. 때때로 제가 한동안 하나님을 생각하지 않고 있었음을 깨닫곤 하는데, 그것 때문에 염려하는 대신 저의 비참한 상태를 하나님께 아룁니다. 그리고 하나님을 잊어버리는 저 자신이 얼마나 비참한 존재인지 깊이 알게 됨으로써 오히려 하나님을 더욱 크게 신뢰하면서 그분께 돌아갑니다.

우리가 하나님을 신뢰할 때 하나님은 큰 영광을 받으시고 큰 은혜를 내려 주십니다.

하나님이 누군가를 속인다는 것은 있을 수 없는 일입니다. 하나님께 온전히 자신을 맡기고 그분을 위해 모든 것을 견디기로 결심한 영혼이 오래 고통받도록 하나님은 그를 내버려두시지 않습니다.

저는 하나님의 은혜로 신속히 주어지는 도움을 온갖 상황에서 자주 경험했습니다. 그래서 저는 해야 할 일이 있을 때 그 일을 미리 염려하지 않습니다. 그 일을 할 때가 되면 맑은 거울에 상이 비치듯 하나님 안에서 제가 해야 할 적절한 일들이 모두 보였거든요. 이런 일은 최근에도 있었습니다. 하지만 하나님의 신속한 도움을 경험하기 전에는 저도 맡은 일에 대한 불안과 염려로 가득했었습니다.

맡은 일이 끝나고 나면 그 일을 기억하지 않고, 일을 하고 있을 때도 거기에 매이지 않습니다. 식사를 마치고 자리에서 일어날 때는 무엇을 먹었는지도 잊습니다. 저는 하나님을 사랑하는 마음으로 모든 일을 하되, 그 일들과 제 평생의 수많은 다른 일들을 이끌어 주신 하나님께 감사하게 되는 그 한 가지 목적을 위해 모든 일을 합니다. 저는 모든 일을 아주 단순하게, 하나님의 사랑의 임재 안에 단단히 자리를 잡은 상태에서 행합니다.

외부적인 일 때문에 하나님께 집중하던 상태가 잠시 흐트러지면, 하나님이 제 영혼 안에 새롭게 기억을 불어 넣으십니다. 그러면 저는 한껏 뜨거워지고 황홀해져서 주체하기 어려울 정도가 됩니다.

일상적 업무를 접어 두고 따로 경건의 훈련을 할 때보다 일상적 업무를 감당할 때 하나님과 더욱 긴밀하게 연합되는 것을 느낍니다. 의무적으로 경건의 훈련을 하고 나면 오히려 영혼이 상당히 메마릅니다.

언젠가 저도 심신에 큰 고통을 겪게 되겠지요. 제게 닥칠 수 있는 가장 큰 고통은 아주 오랫동안 누려 온 하나님에 대한 의식을 잃어버리는 일일 것입니다. 그러나 하나님은 선하시므로 저를 완전히 버리지는 않으실 것이고, 불행을 허락하실 때 감당할 힘도 주시리라 확신합니다. 그래서 저는 아무것도 두렵지 않습니다. 세 영혼의 상태를 놓고 누군가와 상의할 필요도 느끼지 않고요. 그 문제로 누군가와 상의해 보기도 했지만, 언제나 더 혼란스러워질 뿐이었습니다. 저는 하나님을 향한 사랑으로 목숨까지 내어놓을 준비가 되어 있기 때문에, 어떤 위험도 두렵지 않습니다. 하나님께 완전히 자신을 맡기는 것이 천국으로 가는 확실한 길이고, 그 길에는 언제나 어떻게 행동해야 할지 비춰 주는 충분히 환한 빛이 있습니다.

영적인 삶을 처음 시작할 때는 충실하게 의무를 감당하고 자기를 부인해야 합니다. 하지만 그 이후에는 말할 수 없는 기쁨이 따라옵니다. 어려움을 만날 때는 예수 그리스도께만 호소하고 그분의 은혜를 구해야 합니다. 그분의 은혜로 모든 일이 쉬워집니다.

많은 이들이 그리스도인으로서 진보하지 못하는 이유는 고행과 특정 훈련에 머물면서 그 일들의 목적인 하나님을 향한 사랑은 소홀히 하기 때문입니다. 이런 모습은 우리가 하는 일에서 잘 드러납니다. 우리가 견실한 덕행을 보기 어려운 이유도 여기에 있습니다.

하나님께 나아가는 데는 특별한 기술이나 지식이 필요하지 않습니다. 오로지 하나님께만, 하나님을 위해서만 자신을 바치겠다고, 그리고 하나님만 사랑하겠다고 단호하게 결심하는 마음만 있으면 됩니다.

네 번째 대화

[로렌스 형제는 나와 자주 대화를 나누었고, 자신이 하나님께 어떤 방식으로 나아가는지 툭 터놓고 이야기했다. 그중 일부는 앞에서 이미 소개했다. 그는 이렇게 말했다.]

하나님께 나아가는 비결은 우리를 하나님께로 이끌지 않는 모든 것을 진심으로 거부하는 데 있습니다. 그래야만 거리낌 없고 단순하게 하나님과 끊임없이 대화를 나누는 데에 이숙해질 수 있습니다. 하나님을 우리와 친밀하게 함께하시는 분으로 인식하고 매 순간 그분께 말씀드려야 합니다. 그러면 불확실한 일에서 하나님의 뜻을 제대로 알기 위해 도움을 청할 수 있습니다. 하나님이 우리에게 요구하시는 것이 분명한 일들을 제대로 수행하려 할 때도 마찬가지입니다. 그 일들을 행하기 전에 하나님께 먼저 아뢰어야 하고, 일을 마치면 감사해야 합니다.

하나님과 이렇게 대화하는 가운데 우리는 무한히 선하시고 완전하신 하나님을 끊임없이 찬양하고 흠모하고 사랑하게 됩니다.

우리 죄 때문에 낙심하지 말고 주님의 무한한 공로를 의지하여 완전한 확신 가운데 그분의 은혜를 구해야 합니다. 하나님은 모든 경우에 어김없이 은혜를 베푸십니다. 저는 제 인생을 통해 이것을 분명하게 인지했습니다. 제 생각이 하나님의 임재를 의식하는 데서 벗어났을 때나 그분의 도움을 구하기를 잊었을 때를 제외하고 말입니다.

우리가 회의에 빠질지라도, 하나님을 기쁘시게 하고 그분을 사랑하여 행동하는 것만이 우리의 유일한 목표라면 하나님은 우리에게 늘 빛을 내리십니다.

성화를 위해서는 평소 하던 일과 다른 일을 해야 하는 것이 아니라, 흔히 우리 자신을 위해서 하는 일들을 하나님을 위해서 해야 합니다. 안타깝게도 수많은 사람들이 수단과 목적을 혼동하여, 존경이나 이익을 얻겠다고 제대로 행하지도 못하는 특정한 일들에 집착합니다.

제가 발견한 하나님께 나아가는 가장 탁월한 방법은 우리가 일상적으로 하는 일들을, 사람을 기쁘게 하겠다는 생각 없이* [우리가 할 수 있는 한] 순전히 하나님을 사랑하는 마음으로 감당하는 것입니다.

기도시간이 다른 시간들과 달라야 한다는 생각은 큰 착각입니다. 기도시간에 기도로 하나님께 매달리듯, 활동하는 시간에는 활동으로 하나님께 단단히 매달려야 합니다.

제가 생각하는 기도는 하나님의 임재를 의식하는 것이 전부입니다. 그 시간에 저의 영혼은 하나님의 사랑을 제외한 다른 무엇도 전혀 의식하지 못합니다. 정해진 기도시간이 지나도 달라지는 바는 없습니다. 저는 여전히 하나님과 함께 있고 온 힘을 다해 하나님을 찬양하고 드높이니까요. 그래서 제 삶은 끊임없는 기쁨으로 채워집니다. 하지만 제가 좀 더 강해지려 할 때에는 제게 감당할 만한 시련을 허락해 주시기를 바라기도 합니다.

---

* 갈라디아서 1:10; 에베소서 6:5-6.

하나님을 단호하고 온전하게 의뢰하고 그분께 우리를 내맡겨야 합니다. 하나님은 우리를 저버리지 않으실 것입니다.

하나님을 사랑하는 우리는 작은 일을 하는 데 싫증을 내면 안 됩니다. 하나님은 일의 크기를 보시지 않고 그 일을 사랑으로 하는지를 보시기 때문입니다. 이 부분에서 처음에 종종 실패하더라도 놀라지 마십시오. 결국 사랑으로 일하는 것이 습관이 될 테고, 일부러 신경을 쓰지 않고도 잘해 내게 되어 크나큰 기쁨을 누릴 것입니다.

신앙의 본질은 결국 믿음과 소망과 사랑입니다. 믿음과 소망과 사랑을 연습함으로써 우리는 하나님의 뜻에 연합하게 됩니다. 그 외의 다른 것들은 개의치 말고 목표로 가기 위한 수단으로만 삼아 믿음과 사랑을 추구해야 합니다.

믿는 사람에게는 모든 일이 가능합니다. 소망을 품는 사람에게는 모든 일이 덜 어렵습니다. 사랑하는 사람에게는 모든 일이 더 쉽습니다. 이 세 가지 미덕을 꾸준히 실천하는 사람에게는 모든 것이 훨씬 더 쉽습니다.

우리는 이생에서부터 영원토록, 가능한 한 가장 완전하게 하나님을 예배하는 사람이 되는 것을 목표로 삼아야 합니다.

영적인 삶을 시작할 때는 우리가 누구인지 바닥까지 철저히 성찰하고 살펴야 합니다. 그러면 우리가 경멸을 받아 마땅한 사람이고, 그리스도인이라 불릴 자격이 없음을 알게 될 것입니다. 그로 인해 온갖 힘든 일과 수많은 좌절을 겪겠지요. 우리는 괴로울 것이고, 건강도 기질도 몸과 마음의 성향도 끊임없이 요동칠 것입니다. 결국, 우리는 하나님이 안팎으로 수많은 고통과 수고를 겪게 하여 낮추실 사람들입니다. 이 사실을 깨닫고 난 뒤에는 사람으로 인한 역경, 유혹, 반대, 갈등이 닥쳐도 놀라서는 안 됩니다. 오히려 그것들에 순복하고 우리에게 크게 유익한 일들로 여겨 하나님이 원하시는 만큼 견뎌야 합니다.

영혼이 더 높은 완전을 갈망할수록 하나님의 은혜에 더 의지하게 됩니다.

[*로렌스 형제는, 어떻게 해서 그렇게 늘 하나님을 의식하게 되었느냐는 질문을 수도원의 상급자(그는 이 사람에

---

* 이어지는 내용은 로렌스 형제에 대한 다른 기록에서 모은 것이다.

게 솔직하게 대답할 의무가 있었다)에게 받았다. 그는 수도원에 처음 들어올 때부터, 하나님을 자신의 모든 생각과 바람의 목적으로, 겨냥해야 할 표적으로, 모든 것이 끝나는 종착지로 여겼다고 대답했다.]

견습수사 생활을 시작하면서 저는 정해진 개인 기도시간에 하나님을 생각했습니다. 그 시간에 하나님의 존재를 확신하고 마음속 깊이 각인시키되, 공들인 추론과 정교한 사색이 아니라 경건한 감정으로 그렇게 하고자 했습니다. 이 단순하고 확실한 방법으로 저는 하나님에 대한 지식을 익히고 사랑을 훈련했습니다. 하나님의 임재를 지속적으로 의식하면서 살고, 가능하면 그분을 더 이상 잊어버리지 않기 위해 모든 노력을 기울이기로 결심했습니다.

이처럼 기도를 통해 무한하신 분에 대한 경건한 감정으로 마음을 한껏 채우고 저는 맡은 일을 하러 주방으로 갑니다(저는 수도원의 요리사이니까요). 요리사로서 제가 어떤 일들을 해야 하는지, 각각의 일을 언제 어떻게 수행해야 하는지 먼저 판단한 후, 일하는 동안 중간중간 기도하고 작업 전후에도 기도합니다.

일을 시작할 때는 아버지 하나님을 신뢰하고 이렇게 말합니다.

"오 나의 하나님, 주께서 저와 함께하십니다. 저는 이제 주의 계명에 순종하여 이 외부의 일들에 마음을 기울여야 합니다. 주께 간청하오니, 당신의 임재 안에 계속 거하는 은혜를 주소서. 이 목적을 위해 도움을 베푸시고 제 모든 일을 받아 주시고 제 모든 감정을 소유해 주소서."

일을 해나갈 때는 창조주와의 친밀한 대화를 이어 가며 그분의 은혜를 간구하고 저의 모든 행위를 그분께 바칩니다.

일이 끝나면 임무를 어떻게 이행했는지 스스로를 점검합니다. 잘했으면 하나님께 감사를 드립니다. 잘못했다면 용서를 구합니다. 그러고 나서는 낙심하지 않고 다시 마음을 바로잡은 뒤 하나님의 임재 연습을 이어 갑니다. 애초에 그 연습을 멈춘 적이 없었던 것처럼 말이지요. 넘어질 때마다 이렇게 다시 일어나고 믿음과 사랑을 새롭게 회복하나 보니, 하나님을 생각하는 것이 어려웠던 제가 이제는 그분을 생각하지 않는 것이 더 어려운 상태가 되었습니다.

[로렌스 형제는 하나님의 임재 안에서 행하는 데서 너무나 큰 위로와 복을 발견했기에, 자연스럽게 하나님의 임재 연습을 다른 이들에게 진심으로 권하게 되었다. 그러나 그가 내세우는 어떤 주장보다 더 사람들의 마음을 움직인 것은 그가 보이는 모범이었다. 그의 얼굴까지도 덕을 끼쳤다. 그의 표정에서 너무나 달콤하고 차분한 경건함이 드러났기에 보는 이들이 영향을 받을 수밖에 없었다. 사람들은 주방 일이 가장 바쁜 시간에도 그가 여전히 평정과 경건함을 유지하는 것을 보았다. 로렌스 형제는 결코 서두르거나 빈둥거리지 않았고, 한결같이 차분하고 고요한 심령으로 모든 일을 때에 맞게 감당했다. 로렌스 형제는 이렇게 말했다.]

제게 일하는 시간은 기도하는 시간과 다르지 않습니다. 시끄럽고 소란스러운 주방에서 여러 사람이 동시에 제게 각기 다른 일들을 요구하며 소리를 높여도, 무릎을 꿇고 복된 성찬을 받을 때처럼 지극히 평온하게 하나님을 소유합니다.

편지

첫 번째 편지[*]

존경하는 수녀님께,

자비로우신 우리 주님은 제게 하나님의 임재를 늘 의식하는 상태를 기꺼이 허락하셨습니다. 제가 어떤 방법으로 이런 상태에 이르게 되었는지 꼭 알고 싶다고 하셨지요? 수녀님의 그 끈질긴 요청에 못 이겨 제가 정말 마지못해 응하는 것임을 말씀드려야겠습니다. 한 가지 조건만 지켜 주시면 그 방법을 알려 드리겠습니다. 제 편지를

---

[*] 편지를 쓴 날짜가 적혀 있지 않아서 정확히 알 수 없지만, 수록된 편지 중 가장 먼저 쓴 것으로 보인다.

아무에게도 보여 주지 마시라는 것입니다. 수녀님이 이 편지를 누군가에게 보여 주리라고 생각했다면, 수녀님의 성장을 바라는 마음이 아무리 있다고 해도 편지를 쓰지는 않았을 것입니다. 제가 드릴 수 있는 답변은 다음과 같습니다.

저는 많은 책에서 하나님께로 가는 다양한 방법과 경건생활을 위한 여러 훈련법을 읽었습니다. 그런데 그런 방법들로는 제가 추구하는 바를 얻기는커녕 혼란만 커질 듯했습니다. 저는 온전히 하나님의 소유가 되는 법을 알고 싶었거든요.

그래서 모든 것 되시는 분을 위해 전부 내놓기로 결심했습니다. 저는 하나님이 저의 죄를 제거하시게 하고자 그분께 저 자신을 온전히 바쳤고, 하나님을 향한 사랑 때문에 그분 이외의 모든 것을 거절했습니다. 세상에 하나님과 저 말고는 아무도 없는 것처럼 살기 시작했습니다. 때로는 나 자신을 재판장이신 하나님의 발 앞에 엎드린 가엾은 죄인으로 여겼고, 때로는 마음속으로 하나님을 나의 아버지, 나의 하나님으로 여겼습니다.

하나님을 최대한 자주 예배하면서 그분의 거룩한 임재를 제 마음에 두었습니다. 제가 딴생각을 하고 있음을 깨달을 때마다 다시 그분의 임재를 떠올렸습니다. 이것은 아주 힘든 일이었지만, 저는 많은 어려움 속에서도 그 연습을 계속했고 제 마음이 저도 모르게 딴생각으로 빠져도 괴로워하거나 자책하지 않았습니다. 저는 이것을 하루 종일 연습했습니다. 정해진 기도시간뿐 아니라 모든 시간에 연습했습니다. 매시간 매분, 심지어 하루 중 일과가 가장 바쁜 시간에도 하나님 생각을 방해할 수 있는 모든 것을 제 마음에서 내쫓았습니다.

수도생활을 시작한 이후 줄곧 이렇게 하나님의 임재를 연습해 왔습니다. 저의 연습은 아주 불완전했지만 제게 정말 유익했습니다. 온전히 하나님의 자비와 선하심 덕분이지요. 하나님 없이는 우리가 아무것도 할 수 없기 때문입니다. 이것은 누구보다 저 자신에게 해당하는 말입니다. 그러나 우리 자신을 하나님의 거룩한 임재 앞에 충실히 세우고 그분을 우리 앞에 늘 모시면, 하나님이 기뻐하지 않으시거나 불쾌하게 여기실 일을 적어도 고의로는 하지 않게 됩니다. 그뿐 아니라, 우리 안에 거룩한 자유 및 (이렇게 말해도 된다면) 하나님과의 친밀함이 생겨나서 필요한 은혜를 구하고 받을 수 있게 됩니다.

결론적으로, 이 연습을 충분히 반복하면 습관으로

자리 잡고 하나님의 임재가 우리 안에 자연스럽게 이루어지는 상태가 됩니다. 저와 함께 하나님께 감사해 주십시오. 하나님은 저 같은 비참한 죄인에게 이루 다 헤아릴 수도 없는 큰 선함과 수많은 호의를 베푸셨으니까요. 만물이 그분을 찬양하기 원합니다. 아멘.

주님 안에서 수녀님의 벗된 자

두 번째 편지[*]

어느 수녀에게

1682년 6월 1일

수녀님,

우리 수도원의 한 수사는 하나님의 임재를 연습하여 놀라운 결과와 지속적인 도움을 얻고 있습니다. 저는 이 편지에서 그 일에 관한 그의 생각을 전하고자 합니다. 그를 통해 수녀님과 저 모두 유익을 얻기를 바라는 마음입니다.

이 수도원에서 지낸 40년 동안 그의 주된 관심사는 항

---

[*] 이 편지에서 로렌스 형제는 '자신의 경험을 다른 사람의 이야기'처럼 소개한다.—옮긴이

상 하나님과 함께하는 데 있었고, 하나님을 기쁘시게 하는 것만 행하고 말하고 생각하고자 했습니다. 이것은 오로지 그가 하나님을 사랑하기 때문입니다. 하나님은 무한히 많은 존경과 사랑을 받기에 합당한 분입니다.

이제 그는 하나님의 임재에 너무나 익숙해져서 모든 상황에서 그로 인해 지속적인 도움을 받습니다. 30년 동안 그의 영혼은 아주 지속적이고 때로는 매우 강렬한 내면의 기쁨으로 충만했습니다. 그래서 오히려 그 기쁨을 진정시키고 외부로 드러나지 않게 감추는 노력을 해야 했습니다.

때때로 그가 하나님의 임재를 다소 망각하게 되면, 하나님은 즉시 그의 영혼에서 존재감을 드러내시어 그의 기억을 되살리고 그를 다시 부르십니다. 이런 일은 흔히 그가 모종의 외부적 활동에 몰두해 있을 때 일어납니다. 그는 자신을 부르는 이 내면의 자극에 대단히 충실하게 반응합니다. 그 반응은 하나님께 마음을 올려 드리는 일, 하나님을 온유한 사랑의 눈길로 바라보는 일, 이런 둘만의 만남에서 만들어지는 사랑의 말 등으로 나타납니다. 이를테면 이런 말입니다.

"나의 하나님, 저는 주께 온전히 헌신했습니다. 주님,

저를 당신의 마음에 맞는 자로 만드소서."

그러면 그는 사랑의 하나님이 그 몇 마디 말에 만족하시고 그의 영혼의 중심 깊은 곳에 다시 자리하여 편안히 쉬시는 듯한 인상을 받습니다(그는 그렇게 느낍니다). 그에게 이런 경험은 하나님이 자기 영혼 깊은 곳에 계신다는 확신을 안겨 줍니다. 그 상태에서는 그가 무슨 일을 하고 그에게 무슨 일이 생기더라도 하나님이 함께하신다는 사실을 의심하지 않게 됩니다.

수녀님, 그가 얼마나 큰 만족을 누리고 있을지 헤아려 보십시오. 그는 자기 안에서 그야말로 엄청난 보화를 끊임없이 발견하고 있기에 더는 그것을 불안하게 찾아 헤매지 않습니다. 그 보화는 언제나 그의 앞에 펼쳐져 있고, 그는 그것을 원하는 대로 얼마든지 가질 수 있습니다.

그는 사람들의 눈먼 상태를 자주 탄식합니다. 우리가 너무나 작은 것으로 만족하는 것이 안됐다고 자주 소리칩니다. 그의 말에 따르면, 하나님은 우리에게 주실 대양 같은 보화를 갖고 계시는데, 우리는 금세 사라지는 잔물결 같은 감정에 만족합니다. 눈먼 상태인 우리는 하나님의 움직임을 방해하고 은혜의 물줄기를 막습니다. 그러나 하나님은 살아 있는 믿음으로 가득한 영혼을 발견하시면 그에게 은혜와 복을 풍성하게 부어 주십니다. 그 은혜와 복은 영혼 속으로 급류처럼 흘러갑니다. 평소와 달리 장애물에 막힐 때도 통로만 찾으면 맹렬하고 풍성하게 퍼져 나갑니다.

우리는 그 급류의 가치를 모르고 자주 그것을 막아 버립니다. 그러나 이제는 그러지 맙시다. 우리 내면으로 들어갑시다. 급류를 가로막는 둑을 헐어 버립시다. 은혜가 들어올 길을 냅시다. 잃어버린 시간을 회복합시다. 남은 시간이 얼마 안 될 수도 있으니까요. 죽음이 우리를 바싹 뒤쫓고 있으니 죽음에 대비합시다. 인생은 단 한 번 죽는 법. 여기서의 실책은 만회할 수 없기 때문입니다.

다시 말합니다. 우리 자신 안으로 들어갑시다. 시간은 빠르게 지나가고 지체할 여지가 없습니다. 우리 영혼의 생사가 달린 문제입니다. 수녀님은 유효한 조치를 다 취하셨을 테니 이 말에 놀라지 않으시리라 믿습니다. 꼭 필요한 일을 하신 데 대해 찬사를 보냅니다. 그래도 우리는 노력을 이어 가야 합니다. 영적 생활에서는 전진하지 않으면 후퇴가 되기 때문입니다. 그러나 성령의 숨결에 힘입은 사람들은 심지어 잠잘 때도 전진합니다. 우리 영혼의 작은 배가 아직도 바람과 폭풍에 뒤흔들리고 있다면,

그 안에서 주무시는 주님을 깨웁시다. 그분이 곧 바다를 잠잠하게 하실 것입니다.

실례를 무릅쓰고 수녀님께 제3자의 생각을 나눈 것은 그것을 수녀님의 생각과 비교해 보시라는 뜻이었습니다. 만약 수녀님의 생각이 조금이라도 식는 불행한 일이 벌어진다면(그런 일이 없기를 바랍니다. 엄청난 불행일 테니 말입니다), 그 사람의 생각은 수녀님의 생각을 다시 불붙고 불타오르게 하는 데 유용한 역할을 할 것입니다. 수녀님과 저 모두, 처음의 열정을 잘 기억하기를 바랍시다. 세상에는 거의 알려져 있지 않지만, 하나님은 아시고 대단히 아끼시는 이 형제의 본보기와 경험에서 유익을 얻읍시다. 수녀님을 위해 기도하겠습니다. 저를 위해 기도해 주세요.

주님 안에서 수녀님의 벗

세 번째 편지

존경하는 수녀님,

오늘 ＿＿＿＿ 자매님이 보낸 두 권의 책과 편지 한 통을 받았습니다. 그녀는 수도서원을 준비하고 있고 그 일을 위해 수도회와 특히 수녀님이 기도해 주시기를 바라고 있습니다. 그녀는 수녀님의 기도를 크게 신뢰하는 것 같으니 유념해 주십시오. 그녀가 하나님의 사랑만 바라보고 온전히 하나님의 것이 되겠다는 확고한 결심으로 서원을 하도록 하나님께 간구해 주십시오.

하나님의 임재를 다루는 책 한 권을 보냅니다. 제 생각에는 하나님의 임재 안에 영적인 삶 전체가 담겨 있고,

그것을 적절한 방식으로 연습한다면 누구나 금세 영적인 사람이 될 수 있을 것 같습니다.

하나님의 임재를 올바로 연습하려면 마음에서 다른 모든 것을 비워야 합니다. 그래야 하나님이 그 마음을 홀로 소유하실 수 있으니까요. 하나님 외의 다른 모든 것을 비우지 않고는 하나님이 그 마음을 홀로 소유하실 수 없고, 마음이 비워지지 않는 한 하나님이 그 안에서 그분이 기뻐하시는 일을 하실 수 없습니다.

하나님과 끊임없이 대화하는 것보다 더 달콤하고 즐거운 삶은 세상에 없습니다. 이것은 그 삶을 연습하고 경험하는 사람들만 이해할 수 있습니다. 하지만 달콤함과 즐거움을 얻을 동기로 그것을 연습하지는 말라고 권하고 싶습니다. 우리는 이 연습에서 즐거움을 추구하면 안 됩니다. 사랑을 동기로 하여, 하나님이 그것을 원하시기 때문에 하나님의 임재를 연습합시다.

제가 설교자라면 다른 무엇보다 하나님의 임재 연습을 설교할 것입니다. 제가 영적 지도자라면 모든 사람에게 그 연습을 권할 것입니다. 제가 생각할 때 그것은 너무나 필요하고 너무나 쉽습니다.

아! 우리가 하나님의 은혜와 도움이 얼마나 필요한 존

재인지 알기만 한다면, 그분을 시야에서 절대 놓치지 않을 것입니다. 제 말을 믿으십시오. 지금 바로 거룩하고 확고한 결심을 하십시오. 더는 하나님을 고의로 잊지 않겠다고, 남은 평생을 그분의 거룩한 임재 안에서 보내겠다고 말입니다. 하나님이 합당하게 여기신다면, 그분에 대한 사랑으로 모든 즐거움을 포기하겠다고 결심하십시오.

이 일을 부지런히 감당하십시오. 하나님의 임재를 제대로 연습한다면, 얼마 안 가서 분명히 그 결과를 보게 될 것입니다. 저도 부족하나마 기도로 돕겠습니다. 수녀님과 수도회분들의 기도에 저를 맡깁니다.

수도회분들의 벗이자, 특히 수녀님의 벗된 자

네 번째 편지

존경하는 수녀님께,

_____ 자매 편으로 보내 주신 묵주는 잘 받았습니다. 제가 보낸 작은 책에 대해 아무 말씀이 없으셔서 의아했습니다. 분명히 받으셨을 텐데 말입니다. 노년에라도 하나님의 임재 연습을 열심히 진행하시기를 권합니다. 안 하는 것보다 늦게라도 하는 것이 나으니까요.

종교인들이 어떻게 하나님의 임재 연습 없이 만족하며 살 수 있는지 상상이 안 됩니다. 저는 하나님과 함께 영혼의 깊은 중심으로 물러나 최대한 오래 머뭅니다. 하나님과 이렇게 함께 있는 동안에는 아무것도 두렵지 않습니다. 하지만 하나님과 조금이라도 멀어지는 것은 참을 수 없습니다.

하나님의 임재 연습은 몸에 무리가 되지 않습니다. 하지만 그 자체로는 문제가 없고 정당한 작은 즐거움들이라도, 가끔 아니 자주 자제하는 것이 합당합니다. 하나님은 온전히 그분께 헌신하기 바라는 영혼이 그분 외의 다른 것에서 위안을 얻는 것을 허락하지 않으시니까요. 이것은 더없이 타당한 일입니다.

그렇다고 해서 우리가 이 연습을 할 때 아주 대단한 절제를 해야 한다는 뜻은 아닙니다. 우리는 거룩한 자유 가운데 하나님을 섬겨야 하고, 불안이나 동요 없이 자기 일을 충실히 감당해야 하고, 마음이 하나님에게서 멀어질 때마다 부드럽고 차분하게 그분께로 되돌려야 합니다.

하지만 하나님을 온전히 신뢰해야 하고 모든 염려를 내려놓아야 합니다. 그 자체로는 아주 선하지만 종종 잘못된 동기로 진행하는 특정 형태의 경건훈련들도 내려놓아야 합니다. 그런 훈련들은 목표를 위한 수단일 뿐이기 때문입니다. 따라서 하나님의 임새 연습으로 우리의 목표이신 하나님과 함께 있을 때는 수단으로 돌아가는 것이 무익한 일이 됩니다. 우리는 거룩한 하나님의 임재 안에 머물면서 그분과 사랑의 대화를 계속 나눌 수 있습니다. 때로는 경배와 찬양이나 간구로, 때로는 헌신이나 감사의 표현 또는 우리 마음이 생각해 낼 수 있는 온갖 방식으로 말입니다.

이 연습이 본성적으로 거북하게 느껴지더라도 낙심하지 마십시오. 의지력을 발휘하여 이겨 내십시오. 처음에는 시간 낭비라는 생각이 들 수 있습니다. 그러나 우리는 어떤 어려움이 있어도 죽을 때까지 인내할 결심으로 이 연습을 계속해야 합니다. 수도회와 특히 수녀님의 기도에 저를 맡깁니다.

주님 안에서 수녀님의 벗된 자

다섯 번째 편지

부인, 부인을 생각하면 참으로 안타깝습니다. 부인이 책임지고 있는 일들을 _____ 부부에게 맡기고 여생을 하나님을 예배하는 데만 쓰실 수 있다면 큰 변화가 있을 것입니다. 하나님은 우리에게 많은 것을 요구하시지 않습니다. 가끔이나마 잠시 하나님을 기억하고 짤막하게라도 그분을 경배하십시오. 때때로 그분의 은혜를 구하는 기도를 하고, 하나님께 부인의 고통을 아뢰고, 하나님이 부인에게 허락하셨고 어려움 속에서도 지금 허락하시는 복에 감사를 드리십시오. 하나님은 부인이 최대한 자주 그분께 위로를 구하기를 바라십니다. 하나님께 마음을 올려 드리십시오. 때로는 다른 사람과 대화하다가도, 심지어 식사 중에도 말입니다. 하나님은 우리가 이렇게 소소하게 그분을 기억하는 것도 기뻐하십니다. 큰 소리를 낼 필요는 없습니다. 하나님은 우리가 인식하는 것보다 더 우리 가까이에 계십니다.

하나님과 함께 있기 위해 늘 교회에 있을 필요도 없습니다. 우리는 마음을 예배 처소로 삼고 가끔 그리로 물러가 온유하고 겸손하게 그분과 사랑의 대화를 나눌 수 있습니다. 사람마다 정도의 차이는 있지만, 누구나 하나님과 살갑게 대화를 나눌 수 있습니다. 하나님은 우리가 무엇을 할 수 있는지 아십니다. 그러니 시작합시다. 하나님은 우리의 진심 어린 결심을 기대하시는지도 모릅니다. 용기를 내십시오. 살날이 얼마 남지 않았습니다. 부인은 예순넷이고 저는 여든이 다 되었습니다. 하나님과 함께 살고 죽읍시다. 하나님과 함께 있으면 고통도 달콤하고 유쾌하지만, 그분이 없으면 아무리 큰 즐거움이라도 잔인한 형벌일 것입니다. 하나님이 만물의 찬양을 받으시기를. 아멘.

이런 식으로 전력을 다해 하나님을 예배하고, 그분의 은혜를 구하고, 일과 가운데 가끔, 할 수 있다면 매 순간 부인의 마음을 하나님께 바치는 일에 익숙해지십시오. 특별한 규칙이나 특정한 경건훈련으로 자신을 깐깐하게 옭아매지 말고, 하나님을 믿고 사랑과 겸손으로 행하십시오. _____ 씨 부부와 _____ 자매를 위해 부족한 기도나마 아끼지 않겠습니다.

_____ 씨 가족의 종이자,

특히 우리 주님 안에서 부인의 형제 된 자

여섯 번째 편지

신부님,

제가 지금 누리는 것과 같은 방식의 영적인 삶을 책에서 찾아볼 수가 없습니다. 그것 자체는 문제가 되지 않지만, 제 영적인 삶에 대한 신부님의 생각을 말씀해 주신다면 더 큰 확신과 함께 기쁨을 얻게 되리라 생각합니다.

며칠 전 어느 경건한 사람과 대화를 나눴습니다. 그는 영적인 삶이 은총의 삶이고, 그 삶은 종의 두려움에서 시작하여 영생의 소망으로 커지다가 마침내 순수한 사랑으로 완성된다고 말했습니다. 각 상태에는 다양한 단계들이 있고, 그 모두를 거쳐 순수한 사랑의 완성에 이른다는 것이었습니다.

그러나 저는 그 모든 방법을 전혀 따르지 않았습니다. 이유는 잘 모르겠지만 그런 방법은 저를 낙심하게 할 뿐이었거든요. 저의 죄를 처리할 최고의 방법은 하나님께 저를 드리는 것이겠지요. 그래서 저는 수도원에 들어올 때 저를 하나님께 바치기로 마음을 먹었습니다. 하나님을 사랑하기에 그분 외의 모든 것을 버리기로 말입니다.

처음 몇 년 동안은 정해진 기도시간에 죽음, 심판, 지옥, 천국, 그리고 저의 죄를 묵상했습니다. 나머지 시간에는 하나님의 임재를 연습하는 데 전념했습니다. 심지어 맡은 일을 하는 도중에도요. 저는 하나님이 항상 저와 함께 계시고 자주 제 안에 계신다고 생각했습니다.

시간이 지나면서 어느새 저는 정해진 기도시간에도 하나님의 임재를 연습하게 되었는데, 그것은 제 안에 큰 기쁨과 위로를 안겨 주었습니다. 이 연습으로 저는 하나님을 극진히 공경하게 되었으며, 하나님을 생각할 때 믿음만이 저를 만족시킬 수 있었습니다.*

---

* 이 말은 이런 뜻인 것 같다. 그는 자신이 하나님에 대해 정립해 낼 수 있는 모든 뚜렷한 개념들이 불만족스러웠다. 그것들이 하나님께 적합하지 않은 것 같았기 때문이다. 그의 마음을 흡족하게 만드는 것은 하나님에 대한 믿음에서 나온 견

제 방식의 영적 삶은 그렇게 시작되었습니다. 하지만 첫 10년 동안은 제가 원하는 만큼 하나님께 헌신하지 못했다는 불안, 그리고 마음에서 떠나지 않는 과거의 죄들 때문에 많이 괴로웠다는 점을 말씀드려야겠습니다. 그 고통은 하나님의 임재라는 크고 과분한 은혜로도 사라지지 않았습니다.

그 기간에 저는 자주 넘어졌습니다. 곧장 다시 일어나기는 했지만요. 창조세계 전체와 이성, 심지어 하나님까지 저를 적대하는 것처럼 느껴졌고, 믿음만이 제 편인 듯했습니다. 어떤 때는 제가 하나님의 임재라는 복을 받았다고 믿는 것이 다른 사람들이 힘들게 도달하는 자리에 단번에 도달한 척 가장하는, 주제넘은 짓이라는 생각에 괴로웠습니다. 그런가 하면 어떤 때는, 그 모든 것이 전부 고집스러운 망상이고 저는 구원받지도 못한 사람이라는 생각이 들었습니다.

그런데 남은 생을 이런 고통과 불안 속에서 보낼 수도 있겠다는 생각이 들었을 때(이 생각은 하나님에 대한 제 신

해들뿐이었다. 믿음은 하나님을 스스로 존재하시는 무한하고 이해할 수 없는 분으로 파악할 뿐, 인간의 관념을 가지고 상상할 수 있는 존재로 여기지 않는다.

뢰를 전혀 훼손하지 못했고 제 믿음은 오히려 더 커질 뿐이었습니다), 제 마음이 갑자기 달라졌습니다. 그때까지 괴로워하던 제 영혼이 심오한 내면의 평화를 느꼈습니다. 마치 그 중심이자 안식처를 발견한 것처럼 말입니다.

그 이후로 저는 단순한 믿음과 겸손, 사랑으로 하나님과 동행했습니다. 저는 하나님이 기뻐하실 일만 행하고 말하고 생각하고자 부지런히 노력합니다. 제가 할 수 있는 모든 일을 다 마치는 날, 하나님이 기뻐하시는 일을 제게 행하시기를 소망합니다.

지금 제 안에서 일어나는 일을 설명할 길이 없습니다. 이 상태에 대한 괴로움이나 어려움은 없습니다. 저에게는 하나님의 뜻 외에 다른 뜻이 없으니까요. 저는 모든 일에서 하나님의 뜻을 이루고자 노력합니다. 그분의 뜻에 온전히 순복하기에, 땅바닥에 떨어진 지푸라기를 하나 주울 때도 하나님의 뜻에 합당하게 오직 그분을 사랑하는 동기로만 행하려 합니다.

저는 수사로서 의무적으로 드려야 하는 것 외에 모든 형태의 예배와 성형화된 기도를 중단했습니다. 그리고 하나님의 거룩한 임재 안에 계속 머무는 일에 집중합니다. 그 시간에 하나님께 오롯이 주목하고 그분을 열정적으로 우러릅니다. 저는 이것을 하나님의 현재적 임재라고 부릅니다. 하나님과 제 영혼이 나누는 지속적이고 고요한 비밀 대화라고 하는 편이 더 나을지도 모르겠습니다. 이 대화는 제게 아주 큰 행복과 내면의 기쁨을 안겨 줍니다. 종종 그 기쁨이 외적으로도 크게 드러나는데, 다른 사람들이 이상하게 보지 않도록 억지로 누그러뜨려야 할 정도입니다.

한마디로 저는, 지난 30년 동안 제 영혼이 하나님과 함께했음을 의심의 여지 없이 확신합니다. 지루하실까 봐 많은 내용을 생략했습니다만, 제가 왕으로 모시는 하나님께 어떻게 나아가는지 알려 드리는 것은 적절하리라 생각합니다.

저는 모든 사람 가운데서도 가장 부족한 자입니다. 상처와 불결함이 가득하고 왕이신 하나님께 온갖 죄를 지었습니다. 그래서 제가 사람들에게 저지른 온갖 해악을 진실한 참회의 마음으로 하나님께 고백합니다. 하나님의 용서를 구하고 그분의 손에 저를 온전히 맡깁니다. 그분의 뜻대로 제게 행하시도록 말입니다. 그런데 자비롭고 선하신 왕께서는 저를 벌하지 않으시고 사랑으로 안아 주십니다. 그분의 식탁에 앉게 하시고 손수 제게 상을 차려 주십니다. 그분의 보물창고 열쇠를 건네십니다. 하나님은 수천 가지 방식으로 저와 끊임없이 대화를 나누시고 저를 기뻐하십니다. 저를 모든 면에서 가장 사랑하는 아들로 대하십니다. 이렇게 해서 저는 하나님의 거룩한 임재 안에 들어갑니다.

제가 가장 많이 쓰는 방법은 이렇게 하나님께 오롯이 주목하는 것이고, 이렇게 그분을 열정적으로 우러르는 것입니다. 저는 종종 아기가 엄마의 젖가슴에서 맛보는 것보다 더 큰 달콤함과 기쁨을 느끼며 하나님께 매달립니다. 감히 이런 표현을 써도 된다면, 그때 맛보고 경험하는 말로 다 할 수 없는 달콤함 때문에 이 상태를 '하나님의 젖가슴'이라고 해야 할 것 같습니다.

가끔 불가피한 일이 있거나 나약함 때문에 이 상태에서 벗어날 때가 있습니다. 그러나 곧 내면의 갈망에 이끌려 다시 하나님께로 돌아갑니다. 그분과 함께하는 시간은 너무나 달콤하고 매혹적이라서 말씀드리기가 부끄러울 정도입니다.

청컨대 저처럼 가치 없고 배은망덕한 사람에게 하나님이 베푸시는 이런 큰 은혜보다는 신부님이 잘 아시는 저의 지독한 비참함을 생각해 주시기를 바랍니다.

저의 정해진 기도시간은 앞에서 소개한 연습의 연속 선상에 있습니다. 가끔은 저 자신이 조각상을 만들려 하는 조각가의 손 앞에 놓인 돌처럼 느껴질 때가 있습니다. 그럴 때는 하나님이 저를 그분과 전적으로 닮은 존재로 만들어 주시도록, 제 영혼 안에 그분의 완벽한 형상을 빚어 주시도록 간구합니다.

또 기도에 전념하는 어떤 때에는 제 영과 혼이 어떤 수고나 노력도 없이 한껏 고양되는 것을 느낍니다. 제 영혼은 말하자면 높이 뜬 상태에서 그 중심이자 안식처인 하나님께 단단히 매달려 있다고 할 수 있습니다.

이 상태를 나태, 망상, 자기사랑이라는 말로 비난하는 이들이 있다는 것을 저도 압니다. 이 상태의 영혼이 나태와 자기사랑에 빠질 수 있다면 그것은 거룩한 나태이자 행복한 자기사랑일 것입니다. 영혼이 이런 안식 상태일 때는 이전에 익숙하던 행위들에 동요되지 않기 때문입니다. 이전에는 그런 행위들이 도움이 되었겠지만, 이제는 방해만 되겠지요.

하지만 이 상태를 망상이라고 말하는 것은 참을 수 없습니다. 이 상태에서 하나님을 누리는 영혼은 그분 외의 그 어떤 것도 바라지 않기 때문입니다. 만약 이것이 제 안에 존재하는 망상이라면, 하나님이 고쳐 주시기를 바랍니다. 하나님이 기뻐하시는 일을 제게 행하시면 좋겠습니다. 저는 오직 하나님만 원하고 그분께 온전히 헌신하는 것만 소망합니다.

하지만 이 문제에 대한 신부님의 의견을 보내 주신다면 감사하겠습니다. 저는 언제나 신부님의 견해를 아주 소중하게 여기니까요.

주님 안에서 신부님의 벗

일곱 번째 편지

지극히 존경하는 수녀님,

변변찮은 기도이지만 수녀님을 위한 저의 기도는 멈추지 않을 것입니다. 기도하겠다고 한 약속을 지키겠습니다. 복음서가 말하는 보물을 우리가 찾을 수 있다면 얼마나 행복할까요. 그에 비하면 다른 것들은 전부 아무것도 아니게 느껴질 것입니다. 그 보물은 참으로 무한하지 않습니까! 그것을 힘써 구할수록 더 많은 부를 발견하게 됩니다. 그러니 쉼 없이 힘써 찾고, 발견할 때까지 지치거나 포기하지 맙시다.

[여기서 로렌스 형제는 몇 가지 사적인 문제를 말한 후, 아래 내용으로 편지를 이어 간다.]

제가 어떻게 될지는 모릅니다. 마음의 평화와 영혼의 안식이 심지어 잠잘 때도 제게 임하는 것 같습니다. 이 평화를 느끼지 못하는 것이야말로 진정한 고통이겠고, 이 평온함과 함께라면 연옥에서도 위안을 얻을 것입니다.

하나님이 제게 어떤 뜻을 두고 계신지, 왜 저를 살려 두시는지는 저도 모릅니다. 하지만 지극한 평화 가운데 있기에 저는 아무것도 두렵지 않습니다. 하나님과 함께 있는데 무엇이 두려울 수 있겠습니까? 하나님과 함께 그분의 임재 안에 있을 때 저는 가장 많은 것을 소유한 사람이 됩니다. 만물이 하나님을 찬양하기를 소망합니다. 아멘.

수녀님의 벗

여덟 번째 편지

부인,

우리 하나님은 무한히 은혜로우시고 우리의 모든 필요를 아십니다. 그분이 언젠가 부인을 이렇게 극한의 상황에 몰아넣으실 것이라고 저는 늘 생각했습니다. 하나님은 그분의 시간에, 부인이 전혀 예상하지 못할 때 오실 것입니다. 그 어느 때보다 지금, 하나님께 소망을 두십시오. 하나님이 베푸시는 은혜를, 특히 고통 가운데 있는 부인에게 허락하시는 의연함과 인내에 대해 함께 하나님께 감사드립시다. 그것은 하나님이 부인을 돌보신다는 분명한 표시입니다. 하나님 안에서 위로를 얻고 모든 것에 감사하십시오.

저는 우리가 아는 ＿＿＿ 씨의 의연함과 용기에도 감탄합니다. 하나님은 그에게 좋은 성격과 선한 의지를 주셨지만, 그는 여전히 조금 세속적이고 젊음의 혈기도 많이 남아 있습니다. 하나님이 그에게 보내신 고난이 좋은 치료제가 되고, 그가 내면을 들여다볼 계기가 되기를 바랍니다. 이 고난이 그와 동행하시는 하나님을 그가 어디서나 온전히 신뢰할 기회가 되기를 바랍니다. 그가 하나님을 최대한 자주 생각하기를, 가장 위험할 때 더욱 그러하기를 바랍니다.

잠시 마음을 올려 드리는 것으로 충분합니다. 잠시 하나님을 기억하고 마음으로 예배하는 일은 아무리 짧아도, 검을 손에 들고 행진하는 중이어도, 여전히 하나님이 받으실 만한 기도입니다. 그렇게 할 때, 위험한 상황에서 군인은 용기를 잃는 것이 아니라 오히려 더 용감해집니다.

그에게 할 수 있는 대로 잊지 말고 이 기도를 하라고 하십시오. 그러면 이 단순하지만 서툰한 연습에 점점 더 익숙해질 것입니다. 누구도 이것을 알아채지 못합니다. 이 짧은 내면의 기도를 하루에 여러 번 반복하는 일은 무엇보다 쉽습니다. 제가 이 편지에서 설명한 방식으로 하나님을 최대한 자주 생각하라고 그에게 권해 주십시오. 이것은 목숨이 위험한 상황에 매일 노출되고 자주 구원을 위협받는 군인에게 합당하고 필요한 일입니다. 하나님이 그와 그의 온 가족을 도와주시기를 바랍니다.

그 가족의 벗이자, 특히 부인의 벗된 자

아홉 번째 편지

한 수녀에게

지극히 존경하는 수녀님,

수녀님이 편지에 쓰신 말씀은 새로운 내용이 아닙니다.
기도시간에 딴생각이 들어 괴로워하는 것은 수녀님만의
일이 아닙니다. 우리 마음은 딴 데로 떠돌기 십상입니다.
하지만 우리가 가진 모든 기능의 주인 된 의지를 발휘하
여 마음을 다시 불러와 최종 목표인 하나님께로 데려가
야 합니다.

　기노생활 초기에 떠노는 생각을 모아 마음을 나잡는
법을 배우지 못하여 마음에 딴생각과 분심이라는 나쁜
습관이 들게 되면, 그것들을 극복하기가 어렵고 우리가

원하지 않아도 우리 마음을 세상의 것들로 향하게 만듭니다.

저는 이 문제에 대한 한 가지 해결책이 우리의 결점을 고백하고 하나님 앞에서 자신을 낮추는 것이라고 믿습니다. 많은 말로 기도해 보시라고 권하고 싶지는 않습니다. 긴말을 늘어놓다 보면 종종 딴생각으로 빠지게 되니까요. 말을 못 하거나 걷지 못하는 상태로 부잣집 문 앞에 있는 거지처럼 하나님 앞에서 가만히 계십시오. 수녀님의 마음이 하나님의 임재에 머물도록 힘쓰십시오. 때때로 마음이 딴 데로 떠돌고 하나님과 멀어진다 해도 너무 염려하지 마십시오. 염려해 봐야 마음만 더 흐트러질 뿐입니다. 의지를 발휘하여 차분하게 마음을 다시 돌려야 합니다. 이런 식으로 끈기 있게 계속한다면, 하나님이 수녀님을 불쌍히 여겨 주실 것입니다.

기도시간에 마음을 쉽게 다시 모으고 차분하게 그 상태를 유지하는 한 가지 방법은, 다른 시간에 마음이 너무 멀리 떠돌게 방치하지 않는 것입니다. 우리 마음이 하나님의 임재 앞에 진득하게 머물도록 해야 합니다. 하나님을 자주 생각하는 데 익숙해지면 기도할 때 마음을 차분히 유지하기가 쉬워질 것입니다. 설령 마음이 떠돈다 해도 쉽사리 다시 모을 수 있을 것입니다.

하나님의 임재 연습을 통해 우리가 얻을 수 있는 여러 유익에 대해서는 이전의 편지들에서 이미 길게 말씀드렸습니다. 진지한 태도로 하나님의 임재 연습에 전념하고 서로를 위해 기도합시다. _____ 자매와 _____ 수녀님의 기도에 저를 맡깁니다.

주님 안에서 수녀님의 벗

열 번째 편지

동봉한 편지는 제가 선한 ＿＿＿ 자매에게 보내는 답신입니다. 부디 그녀에게 전해 주세요. 그녀는 선의로 가득해 보입니다. 하지만 은혜보다 더 빠르게 나아가려 합니다. 누구도 갑자기 거룩해질 수는 없습니다. 수녀님이 그녀를 잘 이끌어 주세요. 우리는 조언으로 서로를 도와야 하고, 무엇보다 좋은 본을 보이며 도와야 합니다. 가끔 그녀의 소식을 전해 주세요. 열의가 넘치고 기꺼이 순종하는지 알려 주시면 감사하겠습니다.

이생에서 우리는 하나님을 기쁘시게 하는 것에만 관심을 가져야 하고 그 외의 모든 일은 어리석고 헛된 것임을 자주 기억해야 합니다. 수녀님과 저는 수도원 생활을 40년 넘게 해왔습니다. 우리는 그 시간들을 하나님을 사랑하고 섬기는 데 썼을까요? 자비하신 하나님은 그 일을 목적으로 우리를 이 생활로 부르셨는데 말입니다. 하나님이 제게 얼마나 풍성한 은혜를 베푸셨고 지금도 끊임없이 베푸시는지, 그런데도 제가 그 은혜를 제대로 쓰지 못하고 완전의 길에 그다지 전진하지 못했는지 생각하면 부끄럽고 민망하기 그지없습니다.

하나님은 자비롭게도 우리에게 아직 시간을 좀 남겨 주셨으니, 이제 제대로 시작해 봅시다. 잃어버린 시간을 만회합시다. 언제나 사랑으로 우리를 기꺼이 받아 주시는 자비의 아버지께 온전한 신뢰를 돌려 드립시다. 하나님을 향한 사랑을 품고 그분 외의 다른 모든 것을 포기합시다. 거리낌 없이 버립시다. 하나님은 무한히 더 많은 사랑과 섬김을 받기에 합당한 분입니다. 계속해서 하나님을 생각합시다. 그분을 온전히 신뢰합시다. 그러면 곧 하나님의 풍성한 은혜를 받게 될 것입니다. 하나님의 은혜로 우리는 모든 일을 할 수 있고, 그 은혜가 없으면 죄만 지을 뿐입니다.

하나님의 실제적이고 지속적인 도움이 없는 삶에는

우리가 피하지 못할 위험이 가득합니다. 그러니 그분의 도움을 구하며 지속적으로 기도합시다. 하나님과 함께하지 않으면 어떻게 기도할 수 있겠습니까? 하나님을 자주 생각하지 않고 어떻게 하나님과 함께할 수 있겠습니까? 하나님을 생각하는 거룩한 습관을 들이지 않고 어떻게 그분을 자주 생각할 수 있겠습니까?

이미 알아채셨겠지만, 저는 늘 똑같은 말을 합니다. 제가 드리는 말씀은 사실입니다. 이것은 제가 아는 최고의 방법이자 가장 쉬운 방법입니다. 저는 다른 방법을 쓰지 않으므로 온 세상에 이 방법을 권합니다. 사랑하려면 먼저 알아야 합니다. 하나님을 알려면 그분을 자주 생각해야 합니다. 그리고 하나님을 사랑하게 될 때, 그분을 자주 생각하게 될 것입니다. 우리 보물이 있는 곳에 우리 마음도 있는 법이니까요. 이것은 곰곰이 생각해 볼 만한 논리입니다.

수녀님의 벗된 자

열한 번째 편지

_____ 부인,

_____ 씨에게 편지를 쓰기로 마음먹기까지 아주 힘들었습니다. 제가 이 편지를 쓰는 것은 순전히 부인과 _____ 부인의 요청 때문입니다. 주소를 쓰시고 부디 잘 전해 주시기 바랍니다.

부인이 하나님을 신뢰하시니 정말 기쁩니다. 하나님이 그분을 향한 신뢰를 부인 안에 더욱 크게 해주시기를 원합니다. 하나님은 이생에서도 내세에서노 우리를 셜코 저버리지 않으실 친구이십니다. 그렇게 충실하고 좋은 친구라면 아무리 신뢰해도 지나치지 않습니다.

_____ 씨가 친구를 잃은 경험을 딛고 일어나 하나님만 온전히 신뢰한다면, 그분이 더 영향력 있고 _____ 씨를 잘 도울 또 다른 친구를 곧 허락하실 것입니다. 하나님은 사람의 마음을 그분의 기뻐하시는 뜻대로 움직이십니다. 어쩌면 _____ 씨는 떠나간 친구에게 지나친 애착을 품었는지도 모릅니다. 우리는 친구들을 사랑해야 하지만 그 사랑이 하나님께 바쳐야 할 사랑을 침범해서는 안 됩니다. 하나님을 향한 사랑이 첫째가 되어야 합니다.

제가 권했던 일을 부디 잊지 마십시오. 밤낮으로, 무슨 일을 하더라도, 심지어 긴장을 풀고 있을 때도 자주 하나님을 생각하십시오. 하나님은 부인 곁에서 부인과 함께 계십니다.

하나님을 홀로 내버려두지 마십시오. 방문한 친구를 혼자 두는 것은 무례한 일이라고 부인도 생각하실 것입니다. 그런데 왜 하나님은 소홀히 여김을 받으셔야 합니까?

하나님을 잊지 마십시오. 그분을 자주 생각하고 끊임없이 사랑하십시오. 하나님과 함께 살고 죽으십시오. 이것은 그리스도인의 영광스러운 책무입니다. 한마디로 말하면, 이것이 우리가 할 일입니다. 이것을 모른다면 배워야 합니다. 기도로 제가 부인을 놉겠습니다.

주님 안에서 부인의 벗된 자

열두 번째 편지[*]

한 수녀에게

1690년 11월 17일

지극히 존경하는 수녀님,

저는 수녀님을 통증에서 구해 달라고 기도하지 않습니다. 다만 고통을 감당할 힘과 인내를 주시기를 간절히 기도합니다. 수녀님을 고통의 십자가에 매어 두신 하나님께 위로를 얻으십시오. 하나님은 합당하다고 여기실 때 수녀님을 풀어 주실 것입니다. 그분과 함께 고난당하는 사람은 행복한 사람입니다. 고통을 그런 식으로 이해하

---

[*] 로렌스 수사는 생애 말기의 2년 동안은 걷지 못했다. 이 편지는 죽기 석 달 전에 쓴 것이다.—옮긴이

는 데 익숙해지십시오. 그리고 하나님이 수녀님에게 필요하다고 판단하시는 정도와 기간만큼 고통을 견딜 힘을 구하십시오. 세상 사람들은 이 진리를 이해하지 못하는데, 그것은 놀랄 일이 아닙니다. 그들은 그리스도인으로서가 아니라 세상 사람으로서 고난당하기 때문입니다. 그들은 질병을 자연적인 고통으로 여길 뿐 하나님이 주시는 은총으로 보지 않습니다. 그러다 보니, 질병 안에서 슬픔과 괴로움밖에 보지 못합니다. 그러나 질병이 하나님의 손에서 오는 것이고 그분의 자비를 보여 주는 것으로 여기는 사람들, 하나님이 그들의 구원을 위해 쓰시는 수단으로 여기는 사람들은 그 안에서 커다란 기쁨과 합당한 위안을 발견합니다.

하나님은 종종 우리가 건강할 때보다 아플 때에 (어떤 의미에서는) 우리와 더 가까이 계시고 더욱 실질적으로 함께하신다는 것을, 수녀님이 확신하실 수 있으면 좋겠습니다. 하나님 외의 다른 의사를 의지하지 마십시오. 제가 알기로, 치료하시는 분은 하나님입니다. 하나님을 온전히 신뢰하십시오. 그러면 곧 회복하게 될 것입니다. 우리는 하나님보다 지상의 의사들을 더 믿다가 회복을 더디게 만들 때가 많습니다.

어떤 치료법을 쓰더라도, 하나님이 허락하시는 만큼만 효험이 있을 것입니다. 하나님이 허락하신 통증이라면 그분만이 고치실 수 있습니다. 하나님은 종종 몸에 질병을 보내서서 영혼의 질병을 고치십니다. 영혼과 몸 모두를 위한 최고의 의사이신 하나님 안에서 위로를 받으십시오.

수녀님은 제가 아주 편안히 지내고 주님의 상에서 먹고 마시니까 이런 말을 하는 것이라고 말씀하시겠지요. 그렇게 생각하실 만도 합니다. 하지만 극악의 범죄자가 사면을 확신할 수 없는 상태로 왕의 식탁에서 왕이 직접 차려 주는 식사를 한다면 괴롭지 않을까요? 그는 그 자리에서 극도의 불편함을 느낄 것입니다. 왕의 선함을 신뢰할 수 있어야만 그 불편함이 누그러지겠지요.

저도 그 범죄자처럼 제가 섬기는 왕의 식탁에서 갖가지 즐거움을 맛보지만, 제 죄가 뇌리에서 떠나지 않고 사죄를 확신할 수 없기에 괴롭습니다. 그런 괴로움조차도 [하나님과 함께하기에 찾아오는] 즐거운 일이긴 하지만 말입니다.*

하나님이 수녀님을 어떤 상태에 두시든 거기에 만족하십시오. 수녀님은 저를 행복한 사람이라고 생각하실지 모르지만, 저는 수녀님이 부럽습니다. 고통과 괴로움도 하나님과 함께 당한다면 제게는 낙원과 같을 것입니다. 최고의 즐거움도 하나님 없이 누려야 한다면 지옥과 같을 것입니다. 하나님 때문에 고통당하는 것은 제게 가장 큰 위로입니다.

얼마 후면 저는 하나님께 가야 합니다. 가서 제 인생을 하나님께 해명해야 할 것입니다.

그날이 이를 때까지 이생에서 위로가 되는 바는 제가 믿음으로 하나님을 본다는 것입니다. 믿음으로 하나님을 보며 저는 때때로 이렇게 고백합니다.

"이제 나는 믿는 것이 아니라 본다. 믿음이 가르치는 바를 경험하고 있다."

이런 확신과 신앙 체험으로 저는 하나님과 함께 살고 죽을 것입니다.

계속해서 하나님과 늘 함께하십시오. 그것이 수녀님의 괴로움에 대한 유일한 버팀목이자 위로입니다. 하나

---

* 문자적으로만 보면 이 단락은 로렌스 형제가 죄책감에 사로잡히고 사죄의 확신이 없었다는 말로 읽힐 수 있다. 하지만 그보다는 거룩함을 추구하고 하나님과 가까운 사람일수록 거룩하신 하나님 앞에서 자신의 죄를 더욱 강하게 인식하게 된다는 역설적 진실을 드러내는 것으로 읽어야 합당할 것이다. ─옮긴이

님께 수녀님과 함께해 달라고 간청하겠습니다. 이전 원장 수녀님께도 문안드립니다. 수녀님의 기도에 저를 맡깁니다.

주님 안에서 수녀님의 벗된 자

열세 번째 편지[*]

수녀님께,

우리가 하나님의 임재를 연습하는 데 충분히 익숙해지면, 몸의 온갖 질병도 견디기가 쉬워질 것입니다. 하나님은 우리 영혼을 정결하게 하시고 계속해서 하나님과 함께 있게 하시고자 종종 몸의 질병을 허락하십니다. 저는 하나님과 함께하고 그분만 원하는 영혼이 어떻게 고통을 느낄 수 있는지 이해할 수 없습니다.[**] 저는 이 문제에

---

[*] 열세 번째 편지부터 열여섯 번째 편지까지는 모두 수신자가 같다. 수신자는 열두 번째 편지 끝에 언급된 전 원장 수녀인 것으로 보인다.―옮긴이

[**] 문자적으로 읽으면 이 말은 의미가 닿지 않는다. 우선, 로렌스 형제는 열다섯 번

대해 확신을 가질 수 있을 만큼 충분한 경험이 있습니다.

용기를 내십시오. 수녀님의 고통을 끊임없이 하나님께 올려 드리고, 그것을 감당하고 견딜 힘을 구하십시오. 무엇보다, 하나님과 함께하는 습관을 들이십시오. 그리고 어떻게든 하나님을 잊어버리지 않도록 노력하십시오. 약함 가운데서도 하나님을 사랑하고, 때때로 그분께 자신을 내어 드리고, 아이가 선한 아버지에게 하듯 고통 속에서도 하나님의 거룩한 뜻을 따르게 해달라고 겸손히, 애정을 담아 간구하십시오. 부족한 기도로나마 저도 돕겠습니다.

하나님이 우리를 그분에게 이끄시는 방법은 많습니다. 때로는 우리에게서 자신을 감추기도 하십니다. 그러나 그런 어려움 속에서도 믿음은 우리를 저버리지 않습니다. 우리는 이 믿음을 버팀목이자 하나님을 전적으로 신뢰하는 기초로 삼아야 합니다.

째 편지에서 분명히 자신의 고통에 대해 말하고 있다. 더욱이 하나님과 함께한다고 해서 고통을 느끼지 않는다면 사도 바울이 육체의 가시를 없애 달라고 기도할 일도, 예수님이 십자가에서 고통을 호소하실 일도 없었을 것이다. 이 문장은 하나님과 함께할 때 고통에 절망하거나 눌리지 않고 그 가운데서도 기쁨을 누리고 의미 있게 살 수 있다는 말을 수사적으로 강하게 표현한 것으로 봐야 할 것이다.―옮긴이

하나님이 제게 어떤 일을 하실지 모르겠습니다. 저는 늘 행복합니다. 온 세상이 고통당하고 있지만 가장 엄한 징계를 받아 마땅한 저는 너무나 크고 한결같은 기쁨을 경험하고 있는 터라 기쁨을 억제하려 해도 잘 안 됩니다.

마음 같아서는 수녀님의 고통을 함께 나누게 해달라고 구하고 싶습니다. 그러나 제가 얼마나 약한지 잘 알기에 차마 그럴 수가 없습니다. 하나님이 저를 잠시만 혼자 내버려두셔도 저는 가장 비참한 사람이 될 것입니다. 하지만 믿음이 저를 하나님과 손이 닿는 것만큼이나 강하게 이어 주기에, 하나님이 어떻게 저를 혼자 내버려두실 수 있을지 모르겠습니다. 우리가 먼저 하나님을 버리지 않는 한 그분은 결코 우리를 버리지 않으십니다. 하나님을 떠나는 것을 두려워합시다. 언제나 하나님과 함께합시다. 하나님의 임재 안에서 살고 죽읍시다. 저를 위해 기도해 주십시오. 저도 수녀님을 위해 기도하겠습니다.

수녀님의 벗

열네 번째 편지

수녀님,

수녀님이 그토록 오랫동안 고통받는 것을 보고 있으니 괴롭습니다. 그래도 지금의 고통이 수녀님을 향한 하나님의 사랑의 증거라고 믿기에 조금이나마 위안이 되고 마음이 놓입니다. 고통을 이런 식으로 이해하면 견디기가 좀 더 수월할 것입니다. 수녀님의 상황에 대한 저의 생각을 말씀드리고자 합니다. 수녀님은 이제 인간적인 치료법을 내려놓고 하나님의 섭리에 온전히 자신을 맡겨야 할 것 같습니다. 어쩌면 하나님은 치료해 주시기에 앞서 수녀님이 자신을 그분께 내맡기고 온전히 신뢰하기만을 기다리시는지도 모릅니다. 지금까지 온갖 치료를 받으셨지만, 의사들은 수녀님을 치료하지 못했고 병은 점점 깊어졌습니다. 그러니 하나님의 손에 수녀님을 맡기고 전적으로 의지한다고 해서 그분을 시험하는 일은 아닐 것입니다.

지난번 편지에서 하나님은 때때로 영혼의 병을 치료하시려고 몸의 질병을 허락하신다는 말씀을 드렸습니다. 그러니 용기를 내십시오. 지금의 어려움을 선용하십시오. 고통에서 벗어나게 해달라고 구하지 마시고, 하나님이 원하시는 모든 일을 그분을 향한 사랑으로 그분이 원하시는 정도만큼 훌륭하게 감당하게 해달라고 구하십시오.

그런 기도를 드리는 일은 인간의 본성으로는 상당히 어렵지만, 이 기도는 하나님이 크게 기뻐하시고 그분을 사랑하는 모든 사람에게 위로가 됩니다. 사랑은 고통을 누그러뜨립니다. 하나님을 사랑하는 사람은 그분을 위해 기뻐하며 용감하게 고난받습니다.

수녀님노 부디 그렇게 하십시오. 모든 병의 유일한 의사이신 하나님께 위로를 구하십시오. 그분은 괴로워하는 이들의 아버지이시고 언제라도 우리를 기꺼이 돕고자 하십니다. 그분은 우리가 상상하는 것 이상으로 무한히 우리를 사랑하십니다. 그러니 하나님을 사랑하십시오. 다른 곳에서 위로를 구하지 마십시오. 곧 하나님의 위로를 받게 되기를 바랍니다.

그럼 안녕히 계십시오. 부족하지만 기도로 계속 돕겠습니다.

주 안에서 언제나 수녀님의 벗된 자

열다섯 번째 편지

같은 수녀에게

1691년 1월 22일

수녀님,

수녀님이 원하신 대로 몸의 통증을 덜어 주신 우리 주님께 감사를 드립니다. 저는 몇 번이나 죽을 고비를 넘겼습니다만, 돌이켜 보면 그때만큼 만족스러웠던 때도 없었습니다. 그래서 저는 고통을 덜어 달라고 기도하지 않고, 고통을 감내할 용기와 겸손과 사랑의 힘을 주십사 기도합니다. 아, 하나님과 함께 고통당하는 것은 얼마나 달콤한지요! 고통이 아무리 크너라도 사랑으로 받으십시오. 고통 중에라도 하나님과 함께 있다면 그곳이 낙원입니다. 이생에서 낙원의 평화를 누리고자 한다면, 하나님과 나누는 스스럼없고 겸손하고 사랑이 넘치는 대화에 익숙해져야 합니다.

어떤 경우에도 우리의 마음이 하나님에게서 벗어나 떠돌지 않게 해야 합니다. 마음을 신령한 성전으로 삼고 거기서 끊임없이 하나님을 흠모해야 합니다. 우리 자신을 계속 살펴서 하나님이 기뻐하시는 것만 행하고 말하고 생각해야 합니다. 우리 마음이 이렇게 하나님으로 가득해질 때, 고난은 평화와 위로를 한껏 품게 될 것입니다.

네, 저도 압니다. 처음에는 이 상태에 도달하기가 아주 어렵습니다. 오롯이 믿음으로 행해야 하니까요. 하지만 그것이 아무리 어렵다고 해도, 하나님의 은혜로 모든 것을 할 수 있다는 것 또한 우리는 압니다. 이 상태를 진정으로 구하는 사람들의 기도를 하나님은 절대 거절하시지 않습니다.

문을 두드리십시오. 계속 두드리십시오. 그러면 장담하건대, 하나님은 문을 열어 주십니다. 그분의 때가 되면 여러 해 동안 미루어 오신 것을 단번에 허락하실 것입니다.

이제 작별을 고합니다. 저를 위해 기도해 주십시오. 저도 수녀님을 위해 기도합니다. 하나님을 빨리 뵙고 싶습니다.

주님 안에서 온전히 수녀님의 벗된 자

열여섯 번째 편지

수녀님,

우리에게 무엇이 필요한지 하나님이 가장 잘 아십니다. 그리고 하나님이 하시는 모든 일은 우리의 유익을 위한 것입니다. 하나님이 우리를 얼마나 사랑하시는지 안다면, 우리는 그분의 손에서 단 것과 쓴 것을 모두 기꺼이 받아들게 될 것입니다. 하나님이 주시는 모든 것을 기쁘게 여기겠지요. 극심한 고난이 견딜 수 없게 느껴지는 것은 그 고난을 잘못된 시각에서 보기 때문입니다. 우리가 고난을 하나님이 허락하신 일, 그분 손안에 있는 것으로 이해할 때, 우리를 낮추시고 괴롭게 하시는 그분이 우리를 사랑하시는 아버지임을 알 때, 고난 속에서 느끼는 온갖 쓰라림은 제거되고 우리의 애통함은 전부 기쁨으로 바뀝니다.

하나님을 아는 일에 전념합시다. 하나님을 알면 알수록 그분을 더욱 알고 싶어집니다. 흔히 사랑할수록 상대를 더 잘 알게 되듯, 상대를 더 깊고 더 넓게 알수록 우리의 사랑은 더 커질 것입니다. 그리고 하나님에 대한 사랑이 커지면, 슬프나 기쁘나 똑같이 그분을 사랑하게 될 것입니다.

하나님이 우리에게 주셨거나 주실 은혜 때문에 하나님을 추구하거나 사랑하는 수준에 머물러 있지 맙시다. 그 은혜가 아무리 고귀해도, 그런 은혜가 아무리 크다 해도, 작은 믿음의 행위만큼도 우리를 하나님께 가까이 이끌어 주지 못합니다. 믿음으로 자주 하나님을 구합시다. 그분은 우리 안에 계시니 다른 곳에서 찾지 맙시다. 우리가 하나님을 내버려두고 그분이 기뻐하시지 않는, 어쩌면 불쾌하게 여기실 만한 하찮은 일들로 분주하다면 그것은 무례하고 비난받을 만한 일이 아니겠습니까? 지금은 하나님이 참고 계시지만, 이런 하찮은 일들 때문에 우리는 언젠가 값비싼 대가를 치를 것입니다. 이를 알고 두

렵게 여겨야 합니다.

진정으로 하나님께 헌신하기 시작합시다. 그분 외의
다른 모든 것은 마음에서 던져 버립시다. 하나님은 홀로
우리를 소유하기 원하십니다. 하나님께 그런 은혜를 구
하십시오. 우리 편에서 우리가 할 수 있는 일을 하면, 우
리가 갈망하는 변화가 우리 안에서 일어나는 모습을 곧
보게 될 것입니다. 수녀님의 고통을 덜어 주신 것에 대해
저는 하나님께 아무리 감사해도 부족할 듯합니다. 저는
하나님의 자비로 며칠 안에 하나님을 보는 은혜를 받기
원합니다.* 서로를 위해 기도합시다.

주님 안에서 수녀님의 벗된 자

---

* 그는 이틀 후 몸져누웠고 2월 12일에 하나님 곁으로 갔다.

영적 잠언

하나님의 임재에 이르는 영적 원칙

1 우리가 행하고 말하고 벌이는 모든 일에서 늘 하나님과 그분의 영광을 드높여야 한다. 이생은 물론 영원토록 하나님께 완전한 예배라는 제사를 드리는 것을 우리의 목표로 삼아야 한다. 이 목표로 나아가는 영적인 삶에서 만나게 될 많은 어려움을 우리를 도우시는 하나님의 은혜로 극복하기로 단호하게 결심해야 한다.

2 영적인 삶에 들어서면서는 자신이 누구인지 철저히 살피고 내면의 가장 깊은 곳까지 탐구해야 한다. 그러면 우리의 모든 것이 경멸을 받아 마땅하고 그리스도의

이름에 어울리지 않음을 알게 될 것이다. 우리는 온갖 어려움에 부딪히고 숱한 약점을 드러낼 것이다. 그로 인해 괴로워하고 영혼의 건강이 상하고 기분과 태도가 흔들리고 불안정해질 것이다. 우리는 하나님의 뜻에 따라 안팎으로 수많은 고난과 역경의 징계를 받아 겸손하게 될 피조물이다.

3   우리는 그런 고난이 우리의 유익을 위한 것이고 우리를 징계하시는 것이 하나님의 뜻이라고 한결같이 믿고 결코 의심하지 말아야 한다. 하나님은 그분의 섭리에 따라 우리 영혼에 많은 쓰라린 경험과 시련의 시기를 허락하시고, 그분의 사랑으로 인해 필요하다고 여기시는 만큼 여러 슬픔과 고통을 감내하게 하신다. 마음과 영혼이 하나님의 뜻에 이렇게 순복하지 않고는 헌신과 완전함도 이루어질 수 없다.

4   더 높은 수준의 완전함에 이르기를 바라는 영혼일수록 은혜에 너욱 의시한다. 그에게는 매 순간 하나님의 은혜가 점점 더 필요하다. 은혜 없이는 아무것도 할 수 없기 때문이다. 세상과 육신과 마귀가 힘을 합쳐 영혼을

맹렬하고 가차 없이 공격하기에, 하나님의 지속적인 도움에 겸손하게 의지하지 않으면 아무리 저항해도 그것들에게 잡혀 아래로 끌려 내려간다. 우리의 본성을 생각하면 하나님의 도움을 의지하는 일이 어려워 보이지만, 은혜는 그 일을 수월하게 만들고 기쁨을 안겨 준다.

영적인 삶에 이르는 데 필요한 연습

1 영적인 삶에서 가장 거룩하고 가장 평범하고 가장 필요한 연습은 하나님의 임재 연습이다. 이 연습은 영혼이 하나님과의 교제에서 기쁨을 맛보도록 훈련시켜 매 순간 하나님과 겸손한 사랑의 대화를 나누게 해준다. 정해진 규칙이나 방법 없이도 하나님의 임재 연습에 힘입어 모든 상황에서 하나님과 이런 대화를 나눌 수 있다. 모든 시험과 고난의 시기에도, 영혼이 메마르고 하나님이 싫어질 때도, 심지어 불충하게 행하고 죄에 빠질 때도 예외는 아니다.

2   우리의 모든 행동이 하나님과의 작은 교제의 행위가 되게 한다는 한 가지 목표에 끊임없이 전념해야 한다. 이 일은 순수하고 소박한 마음으로 자연스럽게 이루어져야지 인위적으로 되어서는 안 된다.

3   모든 일을 사려 깊고 신중하게 해야 한다. 충동적으로나 성급하게 해서는 안 된다. 충동적이거나 성급한 행동은 훈련되지 않은 마음을 보여 줄 따름이다. 일상의 활동을 조용하고 차분하게 사랑으로 감당하면서 우리 손으로 하는 일에 하나님이 복 주시기를 간청해야 한다. 이렇게 마음과 정신을 하나님께 집중함으로써 우리는 악한 자의 머리를 상하게 하고 그자의 무기를 바닥에 내동댕이치게 될 것이다.

4   바쁘게 일하거나 영적인 일들을 묵상할 때, 심지어 정해진 기도시간에 소리 높여 기도할 때도, 가능한 한 자주 하던 일을 멈추고 짧게라도 우리 존재의 깊은 곳에서 하나님을 예배해야 한다. 잠시라도 그분을 맛보고 남몰래 그분을 만져야 한다. 하나님이 우리가 벌이는 모든 일에서 함께하시고 우리 영혼의 중심 깊은 곳에 계심을 알

자. 외부적 일을 할 때도, 심지어 기도하다가도 잠깐씩 멈춰 서 우리 영혼 안에 계신 그분을 예배하고 찬양하고 도움을 청하고 마음을 바치고 그분의 모든 자비와 긍휼에 감사를 드리자.

이같이 하루에도 몇 번씩 외부적인 일들을 멈추고 영혼의 은밀한 곳으로 물러나 하나님을 예배하는 것보다 그분을 더 기쁘게 만들 예물이 있을까? 게다가 우리는 이렇게 함으로써 자기애를 파괴한다. 우리가 피조물 가운데 머물 때는 자기애를 벗기가 어렵지만, 조용히 물러나 하나님과 함께할 때면 무심결에 우리의 자기애가 사라진다.

사실 우리가 이처럼 피조물들에서 고개를 돌리고 잠시라도 창조주 안에서 기쁨을 찾는 일이야말로 하나님께 바치는 신뢰와 신실함의 가장 크고 확실한 증거이다. 나는 지금 우리 주위에 있는 외적인 것들을 철저하게 영원히 무시하라고 말하는 것이 아니다. 그것은 불가능한 일이다. 우리는 뭇 미덕의 어머니인 지혜를 지침으로 삼아야 한다. 하지만 하던 일을 잠시 멈추고 영혼 깊은 곳에서 하나님을 예배하고 그분과 교제하며 잠시 평화를 누리는 연습을 소홀히 하는 것이 종교인들의 흔한 오류인 것은 분명하다. (딴소리가 길었는데, 이 문제는 길게 다룰 필요가 있다고 생각했다. 이제 우리의 주제로 돌아가 보자.)

5   이런 예배는 믿음으로 촉발되고 인도받아야 한다. 하나님이 우리 영혼 안에 계심을 있는 그대로 믿어야 한다. 영과 진리로 하나님을 예배하고 사랑하고 섬겨야 함을 믿어야 한다. 하나님이 모든 것을 보시고 우리 안에서와 모든 피조물 안에서 벌어지는 일들을 다 아심을 믿어야 한다. 하나님은 스스로 존재하시고 모든 피조물이 그분 안에서 살고 움직이고 존재한다는 것을 믿어야 한다. 그분의 완전하심은 무한하고 주권적이며, 몸과 영혼을 포함한 우리의 전 자아를 온전히 받으실 자격이 있음을 믿어야 한다. 우리는 모든 생각과 말과 행동을 하나님을 위해 사용해야 한다. 그분께 마땅히 바쳐야 할 것을 바치자.

6   자신을 부지런히 살펴서 우리에게 주로 어떤 미덕이 부족한지, 어떤 미덕을 습득하기가 가장 어려운지 발견해야 한다. 어떤 죄에 가장 쉽게 빠져드는지, 어떤 시기와 경우에 흔히 넘어지는지 힘써 알아내야 한다. 어려

움에 맞서 싸울 때는 완전한 확신을 품고 하나님을 의지하고 존귀하신 그분의 임재 안에 계속 머물러야 한다. 겸손하게 하나님을 높이며 그분 앞에 우리의 슬픔과 실패를 아뢰고 사랑으로 그분의 은혜로운 도움을 구하자. 그러면 약함 가운데서도 강함을 발견하게 될 것이다.

영과 진리로 드리는
예배

이 문제와 관련해서 다루어야 할 세 가지 요점이 있다.

1   영과 진리로 드리는 예배는 우리가 하나님께 마땅히 바쳐야 할 예배이다. 하나님은 영이시다. 그러므로 영과 진리로 그분을 예배해야 한다. 즉, 우리 존재의 깊은 곳에서 참되고 겸손한 영적 예배를 드려야 한다. 하나님만 이 예배를 보실 수 있다. 이 예배를 계속 드리다 보면 결국 우리에게 자연스러워져, 하나님이 우리 영혼과 하나이시고 우리 영혼이 하나님과 하나인 것처럼 될 것이다. 연습을 하다 보면 분명 알게 된다.

2　하나님을 진리로 예배한다는 것은 하나님을 그분의 모습 그대로, 우리 자신을 있는 그대로 인정하는 것이다. 하나님을 진리로 예배한다는 것은 하나님의 참된 모습을 인정하는 것이다. 하나님을 무한히 완전하시고 무한한 흠모를 받기에 합당하시며 죄로부터 무한히 떨어져 계신 분으로 받아들임으로써 그분의 모든 신적 속성을 인정하는 것이다. 이 위대하신 하나님께 온 힘을 기울여 합당한 예배를 드리지 않는 사람은 이성에 따라 산다고 볼 수 없다.

3　하나님을 진리로 예배한다는 것은, 하나님의 뜻을 완전히 거역하고 사는 우리일지라도 하나님께 맡기기만 하면 기꺼이 그분을 닮은 자로 만드실 것임을 고백하는 행위이다. 하나님께 드려야 마땅한 존경과 사랑, 섬김과 끊임없는 예배를 잠시라도 보류하는 사람은 더할 나위 없이 어리석다.

영혼과 하나님의 연합

영혼과 하나님의 연합에는 세 유형이 있다. 하나는 통상적 연합, 둘째는 잠정적 연합, 셋째는 현재적 연합이다.

1   통상적 연합은 영혼이 오직 은혜로 하나님과 연합된다는 것을 깨닫는 상태이다.

2   잠정적 연합은 특정한 행위를 수행함으로써 하나님과 연합되는 것을 일컬으며, 그 행위를 수행하는 동안에만 그 연합 상태가 유지된다.

3 현재적 연합은 완전한 연합이다. 앞 두 유형의 연합에서는 영혼이 수동적이고 거의 잠든 것과 같지만, 이 현재적 연합에서는 철저히 능동적이다. 영혼의 움직임은 불보다 빠르고, 흘러가는 구름에 가려지지 않은 해보다 빛난다. 하지만 이 연합에 대해 우리는 감정 때문에 속을 수가 있다. 이 연합은 잠시 "나의 하나님, 제 온 마음을 다해 당신을 사랑합니다!"라고 외치게 만드는, 스치는 감정이 아니다. 그보다는 영혼의 상태이다. 이 상태를 표현할 적절한 단어를 찾을 수 있다면 좋겠다. 이 상태는 대단히 영적이면서도 아주 단순하다. 이때 우리는 참으로 고요한 기쁨과 아주 겸손하고 공경하는 사랑으로 충만해진다. 이 상태에서 한껏 고양된 영혼은 하나님의 사랑을 깨닫고 감화되어, 표현할 길 없이 경험해 봐야만 이해할 수 있는 애정으로 하나님을 흠모하고 받아들이게 된다.

4 하나님과의 연합을 갈망하는 모든 사람은 자기 의지를 만족시키는 일들이 실제로 하나님과의 연합에 보탬이 되는지, 아니면 의지가 그렇게 여기는 것뿐인지 알아야 한다.

하나님은 우리가 온전히 이해할 수 없는 분이라는 것을 우리는 인정해야 한다. 하나님과 연합하려면 우리의 의지에서 영육 간의 취향과 즐거움을 떨쳐 내야 한다. 그렇게 한 영혼은 하나님을 다른 무엇보다 더 사랑할 수 있다. 우리가 의지를 발휘하여 어느 정도라도 하나님을 이해할 수 있다면, 그 일은 오직 사랑을 통해서만 가능하다.

의지의 취향과 정서는 의지의 작용과 많이 다르다. 의지의 취향과 정서는 영혼의 한계를 벗어나지 못하는 반면, 의지의 작용인 사랑은 무한하신 하나님의 유일한 목표이다.

하나님의 임재

1 하나님의 임재는 우리 영혼이 하나님께 몰두한 상태 또는 하나님이 내 영혼에 계심을 깨닫는 상태를 말한다. 우리는 이것을 상상력이나 지성으로 감지한다.

2 내 친구는 지난 40년 동안 지성으로 하나님의 임재를 인식하는 훈련을 해왔다. 그는 그 훈련을 여러 다른 이름으로 부른다. 때로는 단순한 행위, 하나님에 대한 분명하고 뚜렷한 지식이라고 부른다. 거울을 통해 희미하게 보기, 사랑의 응시, 하나님에 대한 내면의 인식이라고 부르기도 한다. 그런가 하면 하나님께 주목함, 하나님과

나누는 조용한 대화, 하나님 안에서의 안식, 영혼의 생명과 평화라고 표현하기도 한다. 그 친구는 이 모두가 하나님의 임재에 대한 의식을 표현한 것이고, 그 임재가 자신의 영혼을 아주 자연스럽게 가득 채워서 이런 여러 가지 방식으로 나타난다고 말한다.

3   그는 지치지 않고 자신의 마음을 하나님의 임재로 지속적으로 되돌림으로써 내면의 특별한 습관이 만들어졌다고 말한다. 일상의 일을 마치자마자, 그 습관에 따라 그의 영혼은 지상의 모든 관심사를 뛰어넘어 솟아오른다. 그 일은 그가 굳이 노력하거나 생각하지 않아도 일어나며 가끔은 일상의 일을 하는 동안에도 일어난다. 그의 영혼은 그 중심이자 안식처인 하나님께 확고하게 머문다. 그 시간에는 거의 언제나 믿음이 함께한다. 그리고 그의 영혼의 기쁨이 온전해진다. 그가 현재적 임재라고 부르는 이 일은 다른 모든 종류의 임재를 아우른다. 그 시간에 그는 세상에 하나님과 자신밖에 없는 것처럼 느낀다. 하나님과 끊임없이 대화를 나누고, 자신의 모든 필요를 채워 주시기를 구하고, 그분의 임재 안에서 충만한 기쁨을 얻는다.

4   하지만 그가 하나님과의 이 대화를 존재의 깊은 곳에서 나눈다는 것을 명심하자. 거기서 그의 영혼은 하나님께 숨김없이 말씀드리고 그분과 대화를 나누면서 크고 심오한 평화를 누린다. 영혼의 바깥에서 벌어지는 일은 지푸라기에 붙은 불과 같다. 불이 붙는 순간 화르르 타버리고 내면의 평화를 거의 방해하지 못한다.

5   하나님의 임재에 대한 논의로 돌아가 보자. 하나님의 얼굴에서 나오는 다정한 사랑의 빛은 그것을 열렬히 받아들이는 영혼 안에 저도 모르게 불붙고, 그 영혼은 하나님의 사랑으로 너무나 강렬하게 활활 불타올라 그 감정이 외부로 지나치게 드러나지 않도록 적당히 누그러뜨려야 할 정도가 된다.

6   이때 영혼이 하나님과 어떤 대화를 나누는지 안다면 우리는 매우 놀랄 것이다. 하나님은 이 대화를 아주 기뻐하셔서 그분과 늘 함께하고 싶어 하는 영혼에게 헤아릴 수 없는 은혜를 허락하신다. 그 영혼이 세상 것들로 다시 돌아가는 일을 두려워하기라도 하시는 듯, 하나님은 그에게 풍성한 복을 공급하신다. 그래서 그 영혼은

믿음 안에서 거룩한 양식을 발견한다. 곧 측량할 수 없고 도저히 생각하고 바랄 수 없을 정도로 큰 기쁨이다. 영혼이 이 모든 것을 얻기 위해 해야 하는 일은 그저 동의하는 것뿐이다.

7   하나님의 임재는 이처럼 영혼의 생명이자 양식이다. 내가 이제 제시할 방법을 하나님의 은혜의 도움으로 부지런히 적용하면 하나님의 임재를 경험할 수 있다.

하나님의 임재에
이르기 위한 방법

1   첫 번째 방법은 극히 순결한 삶이다. 자신을 지켜 조심하고, 모든 일에서 신중하게 생각하고 말하고 행해야 한다. 하나님이 싫어하실 만한 일을 생각하거나 말하거나 행하지 않도록 해야 한다. 혹시 그런 일이 생긴다면 회개하고 겸손하게 용서를 구해야 한다.

2   두 번째 방법은 하나님의 임재 연습과 믿음을 통해 차분하고 겸손하고 사랑 어린 마음으로, 불안이나 조바심 없이 하나님께 영혼의 시선을 고정하는 연습에 충실히 힘쓰는 것이다.

3 어떤 임무든 시작하기 전에 잠시라도 하나님을 바라보도록 노력하라. 맡은 일을 한창 하고 있을 때도, 그 일을 다 마친 후에도 하나님을 바라보라. 많은 시간을 들이고 인내를 발휘해야 이 연습에 숙달할 수가 있으니, 자주 실패하더라도 낙심하지 말라. 많은 어려움을 이겨 내야만 이 연습이 습관으로 자리 잡을 수 있다. 하지만 일단 습관이 되면 거기서 크나큰 기쁨을 얻게 될 것이다!

마음*은 생명의 박동을 시작하고 끝까지 온몸을 지배하는 심장처럼, 영육 간의 모든 활동을 시작하고 마치는 데나 삶의 모든 영역에서 하나님을 사랑하고 예배하는 데서 처음이자 마지막이 되는 것이 합당하지 않은가? 우리는 바로 여기, 마음속에서 하나님을 바라보는 습관을 들이고자 힘써야 한다. 그러나 마음으로 하나님을 바라보려면 이미 말했다시피, 애를 쓰거나 무리하지 말고 단순한 마음으로 임해야 한다.

4 이 연습을 시작하는 사람들에게 마음속으로 간단

---

* 프랑스어 단어 'cœur'는 영어단어 'heart'와 마찬가지로 '심장', '마음'의 뜻을 다 갖고 있다.—옮긴이

한 말을 해보라고 권하고 싶다. "나의 하나님, 저는 온전히 당신의 것입니다." "사랑의 하나님, 온 마음으로 당신을 사랑합니다." "주님, 저를 당신의 뜻대로 하소서." 또는 그때그때 사랑에서 우러나는 비슷한 표현들을 사용해 보자. 그 시간에 세상을 향해 정신이 흐트러지지 않도록 주의하라. 하나님께만 집중하라. 의지를 발휘해서라도 정신이 하나님과 함께하게 하라.

5   하나님의 임재 연습은 처음에는 다소 어렵지만, 꾸준히 노력하다 보면 아주 조금씩 영혼 안에서 놀라운 효과를 만들어 낸다. 이 연습은 하나님의 풍성한 은혜를 끌어오고 어디에나 계신 사랑의 하나님을 자기도 모르게 보도록 이끈다. 그런 바라봄은 가장 영적이고 가장 실제적이고 가장 자유롭고 생기를 주는 형태의 기도이다.

6   기억하자. 이런 상태에 이르기 위해서는 감각의 금욕이 있어야 한다. 세상의 것들을 기뻐하는 영혼은 하나님의 임새에서 온전한 기쁨을 빌견할 수 없기 때문이다. 하나님과 함께하려면 세속적인 것들을 등져야 한다.

하나님의 임재 연습이
주는 유익

1   하나님의 임재로 영혼이 얻는 첫 번째 유익은 삶의
모든 사건에서 믿음이 더욱 생기 있고 활발하게 움직이
는 것이다. 어려운 상황에서 특히 그렇다. 하나님의 임재
는 우리가 시험을 받을 때와 시련을 당할 때, 하나님의
은혜라는 도움을 얻게 해주기 때문이다. 이 연습으로 믿
음의 인도를 받는 데 익숙해지면, 영혼은 하나님을 기억
하는 것만으로 하나님의 임재를 보고 느끼고, 응답을 확
신하며 거침없이 하나님께 아뢰어 필요한 모든 것을 공
급받는다. 영혼은 믿음으로 하늘 성도들의 상태에 아주
가까워진다. 영혼이 진보할수록 믿음은 더욱 생기를 얻

어 마침내는 "믿는 것이 아니라 본다. 보고 경험한다"라고 말할 수 있을 정도로 믿음의 눈이 예리해진다.

2   하나님의 임재 연습은 우리를 소망 안에서 강하게 해준다. 우리의 소망은 지식에 비례하여 커진다. 그리고 이 거룩한 연습으로 우리의 믿음이 하나님의 감춰진 비밀을 알게 되는 만큼, 딱 그만큼 소망은 하나님 안에서 비교할 수 없는 아름다움을 발견한다. 그것은 세상의 아름다움을 무한히 능가하고 가장 거룩한 영혼과 천사의 아름다움도 능가한다. 우리의 소망은 그것이 갈망하고 이미 부분적으로 맛보고 있는 온전한 기쁨에 의해 계속 커지고 강해지고 유지되고 힘을 얻는다.

3   그 소망 안에서 의지는, 보이는 것들을 불신하게 되고 소멸하는 불인 하나님의 사랑으로 불붙는다. 하나님의 사랑은 참으로 소멸하는 불로서 하나님의 뜻에 거스르는 모든 것을 태워 재로 만들기 때문이다. 이렇게 불붙은 영혼은 하나님의 임재를 떠나서는 살 수 없다. 하나님의 임재는 모든 피조물이 하나님을 알고 사랑하고 섬기고 예배하게 해야 한다는 성별된 열정, 거룩한 열심, 맹

렬한 열의를 마음속에 불러일으킨다.

4　영혼은 하나님의 임재를 연습하고 하나님을 꾸준히 응시함으로써 그분을 온전하고 깊이 있게 알고 또렷이 보게 된다.* 그의 전 생애는 끊임없는 사랑과 예배, 참회와 순전한 신뢰, 찬양, 기도, 섬김의 행위들로 채워진다. 가끔은 삶이 하나의 끊임없고 긴 하나님의 임재 연습으로 느껴지기도 한다.

이 경지에 도달하는 이가 많지 않다는 사실은 나도 안다. 이것은 하나님이 소수의 선택된 영혼들에게만 허락하시는 은혜이다. 하나님을 또렷이 보는 것은 하나님의 더없이 너그러운 손이 건네시는 선물이기 때문이다. 이 거룩한 연습을 실천하고자 하는 사람들에게 격려의 차원에서 하고 싶은 말이 있다. 하나님은 이 선물을 진정으로 원하는 사람들에게 좀처럼 거절하지 않으신다는 것

---

* "하나님을 또렷이 본다"는 표현이 의미하는 바는 열두 번째 편지의 끝부분에 나오는 다음 단락을 기억하면 될 것이다. "그날이 이를 때까지 이생에서 위로가 되는 바는 제가 믿음으로 하나님을 본다는 것입니다. 믿음으로 하나님을 보며 저는 때때로 이렇게 고백합니다. '이제 나는 믿는 것이 아니라 본다. 믿음이 가르치는 바를 경험하고 있다.' 이런 확신과 신앙 체험으로 저는 하나님과 함께 살고 죽을 것입니다."―옮긴이

이다. 설령 하나님이 이 최고의 자비를 허락하지 않으신다고 해도 우리가 하나님의 임재를 연습하면, 넘치는 은혜에 힘입어 영혼은 그분을 또렷이 보는 것에 상당히 가까운 상태에 이를 수 있다.

부록

《하나님의 임재 연습》 읽기를 위한
한 가지 시도

로렌스 형제는 이 책에서 '하나님의 임재 연습'에 대해 끊임없이 말하고 권하고 나름대로 방법까지 제시합니다. 때때로 그분을 기억하고 예배하고 그분의 은혜를 구하라, 베푸신 은혜와 우리에게 주신 것에 감사하라, 되도록 자주 그분에게서 위로를 받고 식사나 대화 중에도 가끔 마음을 하나님께 드리라고 합니다. 아주 잠깐 하나님을 기억해도 그분은 언제나 기쁘게 받아 주신다면서. 하나님은 우리 생각보다 훨씬 가까이 계시다면서.

　너무 간단해 보입니다. 아무나 언제든 할 수 있을 것 같습니다. 하지만 정말 쉬웠다면 로렌스 형제 본인도 체화하는 데 10년이나 걸렸을 리 없습니다. 아무나 할 수 있다면 벌써 다들 하고 있을 것입니다. 로렌스 형제도 그것을 모르지 않습니다. '자주 실패하더라도 낙심하지 말라', '많은 어려움을 이겨 내야 습관으로 자리 잡을 수 있다'고 거듭 말하고 있거든요. 이미 숙달했기 때문에 쉽다고 말할 수 있을 테고, 거기에 이르기까지 노력과 인내의 시간이 있었기에 후배들에게 미리 경고하고 격려할 수 있겠지요.

이 책이 300년이 넘도록 끊임없이 사랑받은 것은 바로 그런 특성 때문일 것입니다. 이 책의 매력은 친절하고 구체적인 기도의 기법서가 아니라, '하나님의 임재 연습'이라는 '수수한' 기도의 실천으로 단조롭고 수고로운 수도원의 일상에서 하나님과 늘 동행하는 복을 누린 사람의 간증이라는 데 있습니다. 평소 막연하게 다가오고 비현실적으로만 느껴지다가 큰 위기와 고난 속에서만 가끔 경험했던, 보이지 않는 하나님과의 인격적 관계를 무지막지한 고행이나 어마어마한 깨달음이나 신비한 체험이 아니라, 너무나 평이해 보이는 기도를 통해 생생한 현실로 누렸다니, 끌리지 않을 수가 없습니다. 그 기도를 통해 지극히 일상적이고 사소해 보이는 일 가운데 하나님과 늘 동행하는 삶을 누리고 살았다니, 우리에게 큰 희망을 안겨 주는 것입니다.

두 가지 문제

하나님의 임재 연습에 대한 좀 더 체계적인 설명을 소개하기 전에, 이 연습을 생각하며 제게 떠오른 두 가지 문제부터 정리해 보고자 합니다. 첫째, 틈만 나면 하나님을 생각하고 기도하라는 것은 하나님에 대해 강박적이 되라는 말이냐는 질문입니다. 물론 그렇지 않습니다. 이것은 두려움과 조바심으로 주인의 처벌을 두려워하는 종, 흠을 잡는 상사 때문에 신경쇠약에 걸릴 지경의 부하 직원처럼 하나님을 생각하라는 의미가 아닙니다. 사랑에 빠진 사람이 사랑하는 상대를 생각하듯, 모든 곳에서 연인의 모습을 '보듯' 하나님을 생각하라는 것이겠습니다.

좀 다르게 말해 보겠습니다. 오래 앉아 있는 것이 허리에 좋지 않고 자주 일어나는 것이 좋다는 것을 다들 압니다. 그런데 이 지식이 실제로 의미 있게 적용되려면 실제로 자주 일어나야 하지요. 그렇게 하려면 습관을 이기고 의식적으로 조치를 해야 합니다. 시간마다 울리도록 타이머를 맞춰 놓고 울리면 일어나는 식으로 말입니다. 그것은 강박이 아니라 그 일이 내게 필요하고 중요하고 의미 있음을 인정하고 그것에 자신을 맞추는 연습입니다. 몸에 익숙해질 때까지 지속적으로.

둘째, 하나님의 임재 연습을 감정적 차원으로 이해하면 곤란하다는 점을 지적하고 싶습니다. 찬양을 생각해 봅시다. 찬양할 때 특별한 감정과 벅찬 감사와 감동이 따라올 때도 있지만 그런 감정적 반응이 하나님을 찬양하는 목적은 아닙니다. 하나님의 임재 연습에서도 하나님이 함께하신다는 감정적 확신에 주목해서는 곤란합니다. 필립 얀시는 "하나님의 임재 속으로 들어가는 것"을 이 연습의 핵심으로 여긴다고 말합니다. 감각으로 그분을 감지하지 못하더라도 "하나님이 늘 내 곁에 계시다고 생각하고, 일상생활을 하나님의 임재에 적합하게 맞추려 노력"하는 것입니다. 그는 그것을 이런 질문으로 정리합니다.

"오늘 일어난 모든 일을 나는 하나님께 제물로 바칠 수 있는가?"*

---

* 필립 얀시, 《아, 내 안에 하나님이 없다》, 차성구 옮김(IVP), 293쪽. 이하 주는 모두 옮긴이 주이다.

쉬지 않는 기도의 네 단계

리처드 포스터는 '쉬지 않는 기도'를 다룬《기도》의 한 챕터에서 그 기도를 구현한 대표적 인물로 로렌스 형제를 꼽습니다. 쉬지 않는 기도에 대한 포스터의 네 단계 설명은 로렌스 형제가 말하는 하나님의 임재 연습을 정리하는 데 유용합니다.* 포스터는 설명에 앞서 단서를 붙입니다.

"단 한 번의 시도로 하나님과 끊임없이 교제하는 단계까지 뛰어오를 수는 없다. 일정 기간 동안 한결같이 연습에 연습을 거듭해야 가능하다."

이제 그 네 단계를 들어 봅시다(로렌스의 말에서는 이 네 단계가 혼재되어 나타나는 것을 알 수 있습니다).

1단계. 외적 훈련의 단계입니다. 무슨 일이든 숙달되는 방식은 동일합니다. 손이 건반 위를 날아다니는 피아니스트도 한때는 간단한 연주 기법을 가지고도 괴로워했을 것입니다. 기도의 경우도 마찬가지입니다. 그래서 처음에는 간단하면서도 눈에 띄는 방법, 심지어 인위적인

---

* 이 쪽지는 리처드 포스터의《기도》, 송준인 옮김(두란노), 172-175쪽까지의 내용을 정리했다.

방법을 사용합니다. 이를테면 이런 것이지요.

> 학교 선생님들은 종소리가 울릴 때를 하나님의 임
> 재 연습의 시간으로 알아들으면 된다. 자주색을 좋
> 아하는 사람은 자주색을 볼 때마다 하나님의 끝없
> 는 사랑의 임재를 상기하면 된다. 외과의사는 수술
> 을 집도하기 전 소독약으로 닦아 낼 때를 기도하라
> 는 신호로 받아들이면 된다. 은행원은 창구 앞에 사
> 람이 올 때마다 기도하면 된다. 냉장고나 욕실 거울,
> 또는 텔레비전 앞에 기도를 떠올리게 하는 표시를
> 해놓을 수도 있다. 설거지, 화단 가꾸기, 슈퍼마켓 계
> 산대에 줄서기, 조깅, 수영, 산책도 기도의 계기가 될
> 수 있다.[*]

2단계. 기도가 잠재의식 속에 들어가는 단계입니다. 기
도를 하되 기도한 것을 인식 못 할 정도가 됩니다. 하루
종일 콧노래를 부르다가 불현듯 그 곡조를 인식하는 것
처럼 말이지요. 내적인 기도는 뜻밖의 순간에 흘러나옵

---

[*] 리처드 포스터, 《기도》, 175쪽.

니다. 교통이 막혔을 때나 소나기가 올 때, 사람이 북적대는 상점가 같은 곳에서 기도가 나옵니다. 이 단계가 되면 교통이 혼잡해도 짜증이 덜 나고, 집안이나 회사의 사소한 문젯거리도 더 잘 견딜 수 있습니다. 다른 사람의 말에 더 열심히, 말없이 귀를 기울일 수 있게 됩니다.

3단계. 기도가 마음속에 박히는 단계입니다. 감성과 이성이 좀 더 조화롭게 활동합니다. 기도가 좀 더 수월해지고 점점 더 자연스러워집니다. 기도가 부담스럽지 않고 즐거워집니다. 이 단계에서는 다른 사람의 아픔과 고통에 민감해집니다. 외롭고 슬픈 사람을 알아보고 위로하고 도울 수 있습니다.

4단계. 기도가 전인격에 스며드는 단계입니다. 기도가 숨 쉬듯 자연스러워집니다. 기도로 우리 안에 강렬한 리듬이 만들어집니다. 귀용 부인은 모든 기도와 모든 묵상이 이 4단계를 위한 '단순한 준비'라며 이렇게 말합니다.

"그런 것들은 끝이 아니라, 끝으로 가는 길일 뿐이다. 끝은 하나님과 연합하는 것이다."

로렌스 형제가 보여 주는 어떤 태도

필립 얀시는 《아, 내 안에 하나님이 없다》에서 보이지 않는 하나님과 관계를 맺는다는 것이 무엇을 의미하는지 탐구해 나가다가 신자들의 고질적 문제를 지적합니다. 바로 하나님이 하신 일과 하나님의 은혜를 금세 망각하는 '영적 기억상실증'입니다. 그렇게 되면 아무리 큰 은혜를 누리고 대단한 것을 경험해도 다 잊힌 옛일이 되고 맙니다. 얀시는 로렌스 형제의 하나님의 임재 연습을 영적 기억상실증의 처방으로 소개합니다. 얀시에게 하나님의 임재 연습은 하나님을 늘 기억하기 위한 기도인 셈입니다. 언제 어디서라도, 식사 중에도 대화 중이라도, 잠시라도 하나님을 기억하고 감사하고 찬양하고 의뢰하라는 것입니다.

그 결과, 로렌스 형제는 특별한 일상을 살게 됩니다. 모든 곳에서 하나님을 발견하게 됩니다. 그가 죽은 후 그에게 바쳐진 추도문의 한 대목에 그것이 잘 드러납니다.

"로렌스 형제는 어디에 있든지 하나님을 발견했습니다. 공동체 안에서 기도할 때뿐 아니라 신발을 수선할 때도 하나님을 발견했습니다. … 그가 바라보는 것은 일이 아니라 하나님이었습니다. 그는 선천적 기질에 맞지 않는 일을 맡아 감당할수록 더 큰 사랑을 하나님께 드릴 수 있다는 것을 알았습니다."[*]

이 책을 읽다 보면 로렌스 형제의 하나님의 임재 연습이 기법의 문제가 아님을 알게 됩니다. 그는 곳곳에서 "하나님을 기뻐하고 사랑하는 마음으로 모든 일을 행하라"고 권합니다. 어쩌면 이것이 가장 중요한 문제일 것입니다. 아쉽고 절박할 때만 하나님을 간절히 찾는 우리에게 로렌스 형제는 묻습니다. 하나님을 사랑한다면서 지금 이대로 괜찮으냐고, 하나님과의 관계가 지금 정도면 만족할 수 있겠느냐고. 결국 로렌스 형제가 보여 주는 것은 기도의 방법론이라기보다는 하나님에 대한 어떤 태도, 자세, 애정이 아닐까요.

얀시는 '영적 기억상실증'을 다룬 챕터를 마치면서 하나님에 대해 로렌스 형제와 같은 반응을 보여 준 한 캄보디아인의 사연을 소개합니다. 그는 폴 포트 정권 치하에서 정치범 수용소에 수용되었습니다. 죽을 날이 가까웠다고 판단한 그는 매일 하나님과 함께 시간을 보냄으로써 죽음을 준비하려 했습니다. 하지만 그럴 시간이 없었습니다. 경비병들이 늘 고함을 지르고 쉴 새 없이 일을 시켰기 때문입니다. 그러다 경비병들이 아무리 윽박질러

---

* 필립 얀시, 《아, 내 안에 하나님이 없다》, 289쪽에서 재인용.

도 오물 구덩이를 청소하려는 사람이 없는 것을 보고 구역실 나는 오불 구덩이 청소를 자원했습니다. 그리고 그의 입에서 이런 고백이 나왔습니다.

> 청소를 하는 그 순간만은 아무도 나를 방해하지 않았습니다. 나는 느긋한 속도로 그 일을 했습니다. 악취가 코를 찌르는 구덩이 속이었지만 그곳에서는 푸른 하늘을 올려다보며 또 하루를 살게 해주신 하나님을 찬양할 수 있었습니다. 그 안에서만은 방해를 받지 않고 하나님과 교제할 수 있었고, 친구들과 친지들을 위해 기도할 수 있었던 거지요. 제게는 그 시간이 하나님과 만나는 영광스러운 시간이었습니다.*

홍종락(번역가, 작가)

---

* 필립 얀시, 《아, 내 안에 하나님이 없다》, 294쪽.

연보 및 역사적 상황*

연도	나이	사건
1614		로렌스 형제(니콜라 에르망)가 프랑스 로렌 지방 뤼네빌 근처 작은 마을에서 출생. 출생 날짜는 알려지지 않음.
1618-1648	4-34	중부 유럽에서 가톨릭과 개신교 사이에 30년전쟁이 벌어짐. 전투, 질병, 기아로 민간인과 군인 800만 명 사망. 흑사병과 이상기후로 상황이 더욱 악화함.
1628	14	"여름이 없다." 17세기, 극심한 흉작을 초래한 두 차례의 기온 급강 중 첫 번째 상황 발생.
1628-1631	14-17	17세기 프랑스에 첫 번째 흑사병 유행. (세 번의 흑사병 유행으로 200만 명 사망.)

---

* *Practice of the Presence: A Revolutionary Translation*, translated by Carmen Acevedo Butcher, Appendix A. Timeline, Kindle Edition을 참고하여 재구성했다.—옮긴이

1632	18	겨울에 황량한 나무 한 그루를 보고 "하나님의 친절과 능력에 대한 심오한 인식"을 갖게 됨. 그 인식은 죽을 때까지 떠나지 않음.
1633	19	군입대. 30년전쟁 참전.
1634-1661	20-47	프랑스가 로렌 지방을 점령. 이것은 그가 로렌 지역 군대에 지원하는 데 영향을 미쳤을 가능성이 있음.
1635-1640	21-26	랑베르빌러 전투에서 다리를 다치고 전역. 파리에서 피외베 씨의 하인으로 일함. 은둔수사 생활에 실패. 불안과 영적 혼란에 시달림.
1636-1637	22-23	두 번째 흑사병 유행.
1640	26	6월 중순, 평신도 수사로 파리 수도회에 입회. '부활의 로렌스(로랑) 형제'라는 수도명을 받음.
1640-1642	26-28	8월 중순, 2년의 수련 기간이 시작됨. 수도원 주방에서 보조 업무를 맡음.
1640-1690	26-76	소(小)빙하기. 1만 년 이래 가장 길고 심각한 전 지구적 기온 급강으로 인류의 삼분의 일이 사망.
1642	28	8월 14일 수도서원.
1645-1660	31-46	요리사로 100명 넘는 수도사들의 식사 준비를 맡음.
1647-1650	33-36	그의 불안감이 가장 심했던 시기.
1648-1653	34-39	프랑스 내전(부르봉 왕조에 맞선 귀족들의 미지막 반란) 발발.
1650-1691	36-사망	하나님의 임재 기도를 연습하여 40년 넘게 내면의 평화를 누림.

1660-1691	46-사망	다리에 큰 궤양이 생겨 신발공방 수사로 보직 변경. 맨발의 가르멜회 수사들의 200켤레 신발 수선 담당. 이 기간에 주방 일도 가끔 도움. 특별한 날이나 축일에 채소 껍질 벗기기 같은 허드렛일 지원.
1665	51	포도주 구매를 위한 출장. 오르베뉴로 3주간 800킬로미터를 다녀옴.
1666	52	포도주 구매를 위한 출장. 부르고뉴 지방으로 600킬로미터를 다녀옴. 조세프 보포르 신부의 첫 방문. 8월 3일의 첫 대화를 시작으로 두 사람은 이 책에 포함된 여러 대화를 나눔.
1666-1691	52-사망	다리 장애와 통증이 점점 심해짐.
1668-1669	54-55	세 번째 흑사병 유행.
1670	56	프랑스가 로렌 지방 재침공.
1672	58	극심한 봄 가뭄.
1675	61	제2차 기후 저하.
1689-1691	75-77	생애 마지막 24개월 동안 걸을 수 없게 됨.
1691	77	2월 12일 파리 가르멜 수도원에서 사망.

《하나님의 임재 연습》
텀블벅(tumblbug.com) 펀딩에 함께하신 분들

... 1204 AGAPAO CCMNOW David heesol homere JOY
j아틀리에이현숙 m*** MariaH.Jin진희경 Mokang my**** Rani
SeungjuChoi SUKYUNGPARK SYSY TitediosHannah 강경희
강민영 고상섭 구선우 구정모 그리심 글나무 김기현 김은하
김현실 김나경 김도완 김민수 김선희 김승아 김요셉 김은선
김재경 김정은 김찬성 김혜정 떵디쌤 러빙핸즈키다리멘토
루미나리스 류지연 멜로디 박수경 박순옥 박재홍쉼터지기 박창의
박현철 삼프레스 서선희3121 수수목공방 신재철 심지현 아클라이
어원경 엄취선 예으니 오수경 오지원 오현미 유한영 윤선애
이광하 이범진 이봉은 이승준 이신형 이여진 이요섭 이은주
이재현 이창순 이형순 임준억 임혜진 장민수 장일
재규샤오팡어린이중국어 전수경 정민교 정선숙 정한욱 준 지성근
찌원 칠한자가되고싶다 최경희(Phoebe) 최원태 최헌영 풀꽃잎새
하뿌미 하이 한수경 현정 혜영 홍지애

하나님의 임재 연습(명화판)

초판 1쇄 2024년 3월 26일

지은이 로렌스 형제
옮긴이 홍종락
명화 셀렉션 및 설명 Eugene
펴낸이 이현주
책임편집 이지든 이현주
디자인 스튜디오 아홉

펴낸곳 사자와어린양
출판등록 2021년 5월 6일 제2021-000059호
주소 03140 서울시 종로구 삼일대로 428, 5층 500-28호(낙원동, 낙원상가)
전화 010-2313-9270 **팩스** 02)747-9847
이메일 sajayang2021@gmail.com **홈페이지** https://sajayang.modoo.at

한국어판 ⓒ사자와어린양·홍종락, 2024

ISBN 979-11-93325-07-0 03230

＊사자와 어린 양이 뛰놀고 어린이가 함께 뒹구는 그 나라의 책들＊